财务工作信息化与预算管理

马玲玉　何杨军　王雨薇　主编

廣東旅游出版社
GUANGDONG TRAVEL & TOURISM PRESS
悦读书·悦旅行·悦享人生
中国·广州

图书在版编目（C I P）数据

财务工作信息化与预算管理 / 马玲玉， 何杨军， 王雨薇主编． -- 广州 ： 广东旅游出版社， 2025． 4．
ISBN 978-7-5570-3562-4

Ⅰ． F275-39

中国国家版本馆 CIP 数据核字第 2025FT2711 号

出 版 人：刘志松
责任编辑：魏智宏　黎　娜
封面设计：周书意
责任校对：李瑞苑
责任技编：冼志良

财务工作信息化与预算管理
CAIWU GONGZUO XINXIHUA YU YUSUAN GUANLI

广东旅游出版社出版发行
（广东省广州市荔湾区沙面北街 71 号首、二层）
邮编：510130
电话：020-87347732（总编室）　020-87348887（销售热线）
投稿邮箱：2026542779@qq.com
印刷：廊坊市海涛印刷有限公司
地址：廊坊市安次区码头镇金官屯村
开本：710 毫米 ×1000 毫米　16 开
字数：202 千字
印张：12
版次：2025 年 4 月第 1 版
印次：2025 年 4 月第 1 次
定价：58.00 元

编委会

主　编　马玲玉　何杨军　王雨薇

副主编　郭丽华　岳　娇　刘太清

尚花芹　李国鹏

前言

PREFACE

在当今数字化迅猛发展的时代，财务领域正发生着意义深远的变革。财务工作信息化与预算管理成为这一变革浪潮中的关键力量，深刻影响着各类组织的运行与发展。

财务信息化发端于会计电算化，现已演变成一套功能完备的体系。它借助信息技术，冲破了传统财务模式的重重束缚，极大地提升了财务工作的效率与质量。无论是财务数据的精准记录、复杂核算，还是财务报表的快速生成、深度分析，乃至资金活动的实时追踪与合理调配，财务信息化都彰显出卓越的效能，为财务决策筑牢了坚实的根基。

预算管理恰似一盏明灯，照亮了组织前行的道路。它通过科学规划、严密监控与全面评估，确保资源得以合理分配，活动有序推进，有力推动战略目标的达成。在预算编制环节，综合考量多方因素以制定详尽计划；执行过程中，严格把控偏差并及时调整；绩效评估时，深入剖析以持续优化。这一系列举措有效保障了组织财务的稳健与高效。

当财务信息化与预算管理相互交融，便产生了强大的协同效应。信息化赋予预算管理强大的数据处理与分析能力，使其编制更精准、执行更透明、调整更灵活；预算管理则为财务信息化指引方向，促使其不断完善功能，更好地服务于组织整体战略。

本书聚焦于财务工作信息化与预算管理的理论深度与实践应用，详细剖析从信息化历程到预算编制流程，从执行监控到成本把控策略，从绩效评估优化到风险应对举措，再到协作交流机制与未来走向等多方面内容。旨在为财务从业者、相关管理人员以及对该领域感兴趣的人士奉献一本兼具系统性、实用性与前瞻性的专业著作。虽深知财务领域博大精深，笔者在写作过程中也力求严谨、全面，但难免存在不足之处，还望广大读者不吝赐教。希望本书能够成为广大财务工作者在探索财务工作信息化与预算管理之路上的得力助手，助力他们提升工作效率与质量，更好地适应时代发展的需求。

前　言

PREFACE

目 录

CONTENTS

第一章 财务管理概述

第一节 财务管理目标与基本原则

一、财务管理的目标

关于财务管理目标的定义，可阐述为单位开展财务管理活动的目的。财务管理目标通常作为评价单位经营是否合理的参考依据，能够为单位财务管理决策的制定与工作的开展提供重要的行为导向。对于一个公司，其财务管理的基本目标一般会受到公司总目标的决定性影响。站在投资者的立场来讲，之所以要创立公司，其根本目的——获得利益。就那些正在运行的公司而言，通常已经确定了某些目标，如提高员工的待遇水平、优化职工的劳动条件、抢占更多的市场份额、提高产品和服务的质量以及控制环境污染等。不过，相比之下，单位的根本目标、核心目标在任何情况下都不会发生改变，就是为了盈利。

需要明确的一点是，单位在确定财务管理目标的过程中，应该切实考虑自身既定的发展目标，必须在二者之间达成统一。创办公司的初衷和意图在于获得利润，并同时达成其他的目标。财务计量对于一个独立的公司，往往被认为是最基本也是最具综合性的计量标准。也就是说，公司的目标设定需要切实以公司的财务管理目标为中心。涉及公司财务管理目标的定义和特点，可总结为以下四个方面。

(一) 利润最大化

所谓的利润可阐述为单位通过业务开展所创造的净利润。利润在某种意义上反映出单位一系列经营活动所获得的成果，也展现出单位在一段时间内所创造的经济效益的高低。利润最大化理论强调，利润是公司通过业务活动而创造的财富。也就是说，利润与公司的财富之间有着显著的正向关系。利润的增加，会让单位更快达成既定的发展目标。

单位财务管理目标的设定需遵循利润最大化原则。①利润可理解为单位通过生产、经营和管理等活动而获取的价值，对于单位的生存和发展有着深刻的影响，是推动社会经济稳定健康发展的先决条件。②利润在某种程度上映射一个单位对资源的整合和利用能力，可为单位经营绩效的评估和测量提供参考。③利润在投资收益中的占比非常大，是单位创办者的主要经济来源，也是单位长时间完成资本积累的关键。也就是说，单位财务管理目标的设定需遵循利润最大化这一原则，只有这样才能确保最终提出的单位财务管理目标与单位的利益需求保持高度统一。

根据实践经验可知，遵循利润最大化的原则来设定单位的财务管理目标也暴露了一定的弊端。①忽视了货币所具有的时间价值。单位一般会对各个时间段的利润所得进行对比和分析，但最终得出的结果是不科学的。究其原因，主要是这一对比忽略了不同时间段创造的利润具有的时间价值差异。②忽视了利润与投入资本之间固有的内在关系。利润在某种意义上是一个绝对值，因此单纯地依据单位的规模和时间段来对比利润的高低是不合理的。③忽略了风险问题。站在单位的立场来讲，如果期望获得的报酬处于较高水平，那就必须承担更大的风险。④忽视了单位与利益相关者之间存在的必然关系。利润最大化目标的提出通常会把单位当成主体，而忽视了其他相关利益者所获得的利益，导致各自之间的利益关系无法达到良好的平衡状态。⑤只关注利润最大化可能会妨碍单位的长期发展。

（二）每股收益最大化

关于每股收益（Earning Per Share，EPS）的定义，可阐述为单位在一段时间内所创造的净利润与普通股股数之间的比例关系，是一个比较常见的相对数指标。该观点指出，公司的利润在一定程度上取决于股东的注入资本。基于每股收益来设定单位的财务管理目标的方式，能够消除遵循利润最大化原则来设定单位财务管理目标的弊端，可以准确展现出单位的经济效益水平。

该观点的缺陷：其一，忽视了每股收益在时间上的差异；其二，忽视了每股收益所承担的财务风险。

(三) 股东财富最大化

关于股东财富最大化的定义可概括为，单位基于财务方面各项活动的组织与开展来创造更多的股东财富价值。股东在某种意义上被认为是单位的所有者，也是资本的注入者。股东以投资的形式来获得报酬，既包含股利也涉及股权交易得到的现金。因此，财富最大化目标通常也被称为股价最大化。

股东权益所具有的市场价值可作为评估股东财富的参考依据。随着股东财富的不断累积，股东权益所具有的市场价值也会随之增加，其与投资资本之间的差额在专业领域称为“股东权益的市场增加值”。需要明确的一点是，股价的升降是一种正常现象，反映投资者对公司股权价值的衡量、评估和感知。如果股东的投资资本维持稳定，那么股价的最大化在某种意义上可以认为是股东财富的增加，二者的意义和内涵不存在实质性的差别。此外，如果单位与股东之间发生了一系列的交易行为，那么股价就必然会受到影响，而股东的财富却会受到影响。例如，随着股利的分派，股价会有所下降；而随着股票的回购，股价则会呈现上升的趋势。

在某些情况下，我们还可以用单位价值的最大化来概括和解释财务管理的目标。随着股东权益价值的不断增加，或是债务价值的持续提高，公司的价值必然会随之增加。

(四) 相关者利益最大化

单位的利益相关者一般有两种类型，一种是合同利益相关者，另一种是非合同利益相关者。就合同利益相关者而言，泛指客户、员工或供应商等主体。这些主体和单位之间形成了稳定的法律关系，任何行为都要接受合同的制约。就非合同利益相关者而言，一般指的是政府、社区员工等不存在直接利益关系的主体。该观点指出，单位的财务管理目标设定需切实考虑各方的利益相关者的实际利益。站在利益相关者的立场来说，也承担着一定的财务风险。由此可见，单位财务管理目标的设定除了要考虑单位、股东的实际利益以外，也要对其他利益相关者的切身利益做出考量，只有这样才不会导致各主体之间产生利益的纠纷和矛盾。

需要明确的一点是，在对相关者利益进行评估和衡量时，应突出股东在这一环节中的主体。也就是说，虽然单位财务管理目标的设定有必要考虑利益相关者的利益，但其优先级排在股东后面。此外，要注重风险与报酬之间所要维持的均衡状态。简言之，相关者的利益必然要考虑，但也要确定其不会超出合理的范围。经营者利益的评估，需构建健全的激励机制，突出经营者对一系列经营活动和业务流程的监督和管理，从而高效率达成单位既定的战略目标，促进单位的稳定健康发展。如果涉及单位员工的实际利益，那么单位就要为员工创建和谐、稳定的工作和生活环境，给予员工的日常生活、身心健康以及情感心理等更多的关注。在涉及债权人的利益时，需要在签订的借款合同中适当写下一些限制性的条款，如界定贷款的用途或目的等。如果察觉到公司存在对债权人利益造成损害或威胁的情况，债权人可以直接拒绝后续的合作。在涉及客户的利益时，需要尽快形成畅通的客户沟通渠道，在单位利益与客户利益上达成统一。在涉及供应商的利益时，需要与供应商之间建立良好的协作关系，树立积极的单位形象，严格按照合同规定开展相关活动，不断提高单位的信用等级。

总的来说，相关者利益最大化观点在某种意义上与合作共赢的发展理念达成了高度的统一，可以帮助单位创造可观的经济效益，还能促使单位获得丰富的社会效益，且是加快单位稳定发展的有效途径。不过，基于相关者利益最大化来设定单位的财务管理目标往往需要考虑大量复杂的因素，因此，在现实中可能很难实现。

综上所述，财务管理目标的设定需要将股东财富最大化作为前提和基础，只有这样才能在最短的时间内达成单位的发展目标，体现单位的核心价值。

二、财务管理的基本原则

财务管理的基本原则是从单位财务管理实践中总结出来的，并且已经被广泛用于单位财务管理实践中，是一系列单位财务管理价值观所构成的准则和规范。财务管理的基本原则可以概括为以下几个方面。

（一）资金合理配置原则

资金合理配置原则是财务管理的基本原则之一。这一原则要求单位在财务管理过程中，要根据单位发展的战略目标，结合单位财务状况，合理分配资金，确保资金的有效利用和合理配置。具体来说，单位在进行资金配置时，要考虑到单位的长期发展目标、短期经营计划、市场环境、行业趋势等因素，合理分配各项资金，既要保证单位的正常运营，又要为单位的发展提供足够的资金支持。

（二）成本收益比较原则

成本收益比较原则是指单位在财务管理过程中，要对各项财务活动进行成本收益分析，以实现单位的经济利益最大化。这一原则要求单位在财务管理过程中重视成本的控制和收益的核算，既要考虑到各项财务活动的直接成本和间接成本，又要考虑到收益的大小和时间。通过比较分析，选择最优的财务决策方案。同时，单位还要加强对财务风险的防范和控制，确保财务活动的安全性和稳定性。

资金合理配置原则是财务管理的基本原则之一，它对于单位的长期发展具有重要的意义。首先，合理分配资金可以保证单位的正常运营，避免资金短缺或浪费现象的出现。其次，合理分配资金可以提高单位的经济效益，通过优化资源配置，降低成本，提高收益。最后，合理分配资金可以增强单位的市场竞争力，为单位的发展提供足够的资金支持。

成本收益比较原则是财务管理的重要原则之一，它对于单位的经济效益和财务风险管理具有重要的意义。首先，通过成本收益比较分析，单位可以更好地了解各项财务活动的成本和收益情况，选择最优的财务决策方案。其次，通过对财务风险的防范和控制，可以降低单位的财务风险，提高财务活动的安全性和稳定性。最后，成本收益比较原则可以促进单位的精细化管理，提高单位的管理水平和效率。

（三）风险收益均衡原则

在财务管理中，风险收益均衡原则是指在进行财务决策时，必须考虑风险的存在，并根据风险的程度来调整预期的收益。具体来说，这一原则包括以下两方面。

一方面，风险和收益是对立统一的关系。投资者在进行投资决策时，不仅要考虑投资带来的收益，也要考虑风险的存在和可能产生的损失。风险是投资行为的必要成本，不同的投资决策所承担的风险不同，产生的收益也不同。投资者应通过对各种可能的结果进行全面分析，权衡风险和收益的关系，选择最适合自己的投资决策。

另一方面，投资者应通过分散投资等方式来降低风险，同时根据风险的程度调整预期的收益。分散投资是指将资金投向不同的领域、不同的项目或不同的市场，以降低单一投资的风险。投资者还可以通过多元化投资组合来分散风险，同时保持预期的收益水平。

（四）资金收益平衡原则

资金收益平衡原则是指在进行财务管理时，应充分考虑资金的使用效益和成本之间的关系，合理安排资金的使用顺序和结构，以达到最优的收益水平。具体来说，这一原则包括以下三方面。

首先，投资者应根据项目的性质和特点，合理安排资金的使用顺序。在投资决策中，资金的投入顺序会影响投资的效果和收益水平。因此，投资者应将资金按照不同的优先级进行分配和使用，以实现最优的投资效果。

其次，投资者应合理安排资金的结构和比例。不同的资金来源会产生不同的成本和风险，投资者应根据自己的实际情况和需要，合理安排资金的结构和比例，以降低成本、提高收益、降低风险。

最后，投资者应充分考虑市场环境的变化和自身的实际情况，灵活调整资金的使用策略。市场环境的变化和自身的实际情况都会对投资效果产生影响，投资者应根据实际情况的变化及时调整资金的使用策略，以适应市场的变化和需求。

（五）利益关系协调原则

在任何单位中，利益关系都是核心问题。财务管理需要处理和协调各种利益关系，包括股东、经营者、员工、政府、客户等。协调原则的核心是公平、公正和合理，即在保证单位整体利益最大化的同时，兼顾各方面的利益，避免出现利益冲突和矛盾。

为了实现这一原则，财务管理需要制定合理的财务政策，确保财务信息的透明度和真实性，加强内部控制和风险管理，提高单位的风险应对能力。此外，财务管理还需要关注单位内部的组织结构和制度建设，促进内部协调和合作，形成良好的组织文化和团队氛围。

（六）分级分权管理原则

分级分权原则是指财务管理需要根据不同的层级和部门，进行相应的授权和管理，包括股东会、董事会、经理层和各部门等各级之间的权力和责任分配。分级分权管理有助于提高单位的整体效率和执行力，确保各级之间相互支持、协作和监督。

在实际操作中，财务管理需要根据单位实际情况制定合理的分级授权制度，明确各级的权力和责任范围。同时，还需要加强部门间的沟通和协作，确保信息传递的及时性和准确性。在决策过程中，需要充分考虑各级的意见和建议，避免出现决策失误和资源浪费。

综上所述，财务管理的基本原则是财务管理工作的重要指导思想，有助于确保单位的整体利益最大化，同时兼顾各方面的利益。为了实现这些原则，财务管理需要制定合理的财务政策、加强内部控制和风险管理、促进内部协调和合作、制定合理的授权制度等。在实际操作中，财务管理还需要注重信息的及时性和准确性、充分考虑各级的意见和建议等。这些原则的落实将有助于提高单位的整体效率和执行力，确保单位在市场竞争中取得优势地位。

第二节　财务管理主要理论

在财务管理学科的发展过程中，对财务管理的理解不断深化，论述不断完善，形成了一系列的基本理论。这些理论对财务管理实务起着指导作用，是了解财务管理的逻辑基础。财务管理的基本理论包括现金流量理论、价值评估理论、风险评估理论、投资组合理论及资本结构理论。

一、现金流量理论

现金流量理论是关于现金、现金流量和自由现金流量的理论，是财务管理最为基本的理论。现金是公司流动性最强的资产，是公司生存的“血液”。持有现金的多少体现了公司资金流动性的强弱，进而在一定程度上影响公司的风险和价值。现金也是计算现金流量和自由现金流量的基础要素。

现金流量包括现金流入量、现金流出量和现金净流量（Net Cash Flow，NCF），对于公司整体及其经营活动、投资活动和筹资活动都需要计算现金流量，进行现金流量分析、现金预算和现金控制。依据现金流量建成的现金流量折现模型，用于证券投资、项目投资等价值评估。随着研究的深化，现金流量又进化为自由现金流量。

自由现金流量是指真正剩余的、可支配的现金流量。自由现金流量是由美国西北大学拉巴波特、哈佛大学詹森等学者于1986年提出的，经过30多年的发展，特别是在以美国安然、世通等为代表的公司相继破产之后，以自由现金流量为基础的现金流量折现模型成为价值评估领域中最健全、使用最广泛的评估模型。需要注意的是，财务意义上的现金流量与会计学中的现金流量并不完全等同，主要差别在于是否包括现金等价物，财务学中的现金流量不含现金等价物。

二、价值评估理论

价值评估理论主要是关于内在价值、净增加值和价值评估模型的理论，是财务管理的核心理论。从财务学的角度看，价值主要是指内在价值、净增加值。例如，股票价值实质上是指股票的内在价值，项目的价值实质上是指项目的净增现值。内在价值、净现值（Net Present Value，NPV）是以现金流量为基础的折现估计值，并非精确值。

现金流量折现模型是对特定证券现值和特定项目净现值的评估模型。从投资决策的角度看，证券投资者需要评估特定证券的现值，与其市场价格相比较，做出相应的决策；项目投资者需要评估特定项目的净现值，以取得和比较净增加值，做出相应的决策。

价值评估除了研究现金流量外，还需要确定折现率。资本资产定价模型（Capital Asset Pricing Model，CAPM）就是用于计算折现率的重要模型。资本资产定价模型由财务学家夏普在20世纪60年代提出。按照该模型，金融资产投资的风险分为两种：一种是可以通过分散投资来化解的可分散风险(非系统风险)；另一种是不可以通过分散投资化解的不可分散风险(系统风险)。在有效市场中，可分散风险得不到市场的补偿，只有不可分散风险能够得到补偿。证券的不可分散风险可用系数β来表示，β系数是用来测定一种证券或证券组合的收益随整个证券市场收益变化程度的指标，它反映了该证券或证券组合报酬率对市场组合报酬率的敏感程度。市场组合是指市场上全部证券的投资组合，因此，形成了资本资产定价模型。资本资产定价模型解决了股权资本成本的估计问题，为确定加权平均资本成本扫清了障碍，进而使计算现值和净现值成为可能。

三、风险评估理论

从财务学的角度看，风险导致财务收益的不确定性。在理论上，风险与收益成正比，因此，激进型的投资者侧向于高风险就是为了获得更高的利润，而稳健型的投资者则看重安全性而偏向于低风险。在实务中，风险无时不在、无处不在。投资、筹资和经营活动都存在风险，需要进行风险评估。投资项目决策过程中采用的敏感性分析、资本结构决策中对经营风险和财务风险的衡量均属于风险评估范畴。

四、投资组合理论

投资组合是投资若干种证券构成的组合，其收益等于这些证券收益的加权平均值，但其风险并不等于这些证券风险的加权平均数，投资组合能降低非系统性风险。投资组合理论的奠基人是经济学家马科维茨，1952年，马科维茨首次提出投资组合理论，并进行了系统、深入和卓有成效的研究。

从资本市场的历史中认识到风险和报酬存在某种关系：一是承担风险会得到报酬，这种报酬称为风险溢价；二是风险越高，风险溢价越大。但是，人们一直没有找到二者之间的函数关系。马科维茨把投资组合的价格变化视为随机变量，以变量的均值来衡量收益，以变量的方差来衡量风险，揭示了投资组合风险和报酬的函数关系。因此，马科维茨的理论又称为均值—方差分析。马科维茨是首位对“投资分散化”理念进行定量分析的经济学家，马科维茨认为通过投资的分散化既可以在不改变投资组合预期收益的情况下降低风险，也可以在不改变投资组合风险的情况下增加预期收益。

五、资本结构理论

资本结构是指公司各种长期资本的构成及比例关系。公司的长期资本包括永久的权益资本和长期的债务资本，权益资本和长期债务资本的组合，形成一定的资本结构。资本结构理论是关于资本结构与财务风险、资本成本及公司价值之间关系的理论。资本结构理论主要分为无税 MM 理论、有税 MM 理论、权衡理论、代理理论和优序融资理论等。

第三节　财务管理基本方法

财务管理方法，也称财务管理环节。单位财务管理过程从总体上划分为五个基本环节：财务预测、财务决策、财务预算、财务控制和财务分析。这些环节相互联系、相互配合，形成周而复始的财务管理循环过程，构成完整的财务管理方法体系。

一、财务预测的方法

财务预测是根据财务活动的历史资料，考虑现实的要求和条件，对单位未来的财务活动和财务成果做出科学的预计和测算。财务预测环节的主要任务在于：测算各项生产经营方案的经济效益，为决策提供可靠的依据；预计财务收支的发展变化情况，以确定经营目标；测定各项定额和标准，为编制预算服务。财务预测环节的主要步骤包括以下方面。

（一）明确预测对象和目的

预测的对象和目的不同，则对预测资料的收集、预测模型的建立、预测方法的选择、预测结果的实现方式等也有不同的要求。

(二) 收集和整理资料

根据预测对象和目的，广泛收集与预测目标相关的各种资料信息，包括内部和外部资料、财务和生产技术资料、计划和统计资料等。对所收集的资料除进行可靠性、完整性和典型性检查外，还必须进行归类、汇总、调整等加工处理，使资料符合预测的需要。

(三) 建立预测模型

根据影响预测对象的各个因素之间的相互联系，选择相应的财务预测模型。常见的财务预测模型有因果关系预测模型、回归分析预测模型、时间序列预测模型等。

(四) 实施财务预测

利用财务预测模型，选取适当的预测方法，对经过加工整理的资料进行定性、定量分析，确定预测结果。

二、财务决策的方法

财务决策是根据单位经营战略的要求，在既定目标的总体要求下，通过专门的方法从各种备选方案中选择最佳方案的过程。在市场经济条件下，财务管理的核心是财务决策，财务决策是编制财务预算、进行财务控制的基础。决策关系到单位的兴衰成败，必须科学地制定财务决策程序。财务决策的基本程序包括以下几点。

(一) 确定决策目标

以预测数据为基础，结合单位总体经营战略，从单位实际出发，确定决策期内单位需要实现的具体理财目标。

(二) 提出备选方案

根据决策目标，运用一定的预测方法，对所收集的资料进行进一步的加工、整理，提出实现目标的各种可供选择的方案。

（三）评价选择最优方案

通过对各种可实施方案的分析论证和对比研究，评定出各方案的优劣，运用一定的决策方法，选择最优方案。

三、财务预算的方法

预算是用数字编制未来某一时期的计划，是用财务数字或非财务数字来计量预期的结果。财务预算是集中反映未来一定期间（预算年度）现金收支、经营成果和财务状况的预算，它是单位全面预算（包括经营预算、投资预算和财务预算）的重要组成部分。财务预算一般包括现金预算、利润表预算、资产负债表预算、现金流量表预算和成本费用预算等内容，它是财务预测和决策结果的具体表现，也是日常财务控制、财务分析的重要依据。有效的财务预算在财务管理中具有规划、控制、协调、评价和激励功能。

单位的预算管理模式应与单位的基本管理模式一致。预算管理的一般模式以目标利润为导向，以销售预算为起点，以现金流量预算为中心。编制预算的基本步骤包括以下几点。

（1）根据公司总体战略目标确定年度预算目标，并确定年度目标利润。

（2）根据市场调研和分析结果编制年度销售预算。

（3）根据年度销售预算编制生产预算和成本费用预算，包括直接材料预算、直接人工预算、制造费用预算、期间费用预算。

（4）根据以上预算编制现金预算、利润表预算、资产负债表预算和现金流量表预算。

编制预算的常用方法有以下 4 种。

（1）固定预算法，又称静态预算，是根据预算期内正常的可能实现的某一业务活动水平而编制的预算。这种方法的特点是不考虑预算期内业务水平可能发生的变动，以计划期内某一共同的水平为基础，一般适用于经营发展比较稳定或对经营发展能够较为准确预测的单位。

（2）弹性预算法，是根据可预见的不同业务活动水平，分别设定相应目标和任务的预算。这种方法的特点是针对不同的预期，在某一相关范围内的多种业务活动水平的基础上确定不同的预算额，也可按实际业务水平调整确定预算额；预算期末将实际执行结果与预算额比较，使预算执行情况的评价建立在更客观可比的基础上。

(3) 滚动预算法，又称连续预算，是一种经常稳定保持一定期限的预算。基本做法：当预算执行一个阶段后，即对下一个周期的预算进行顺延编制。例如，以年为周期进行滚动预算的编制，在预算执行1个月后，即根据当月预算执行过程中表现出来的与预算编制假定不一致的信息，对其余11个月的预算加以修订，并续编1个月，重新形成1个年度的预算。这种方法的优点是能对未来1年的经营活动进行持续不断的计划，并在预算中经常保持一个稳定的视野，但预算编制和管理成本较高、耗时较长。

(4) 零基预算法，它要求在编制预算时，应从起点（零基）开始来编制预算。零基即对于每项作业活动或职能，均不以其存在为依据，而是重新评估，以求及时发现收益不佳的作业，杜绝资源浪费及效率低下的情形。

四、财务控制的方法

财务控制是在财务管理过程中，利用有关信息和特定手段，对单位财务活动施加影响，以实现财务预算目标的环节。单位财务控制的常用方式有两种：一种是制度控制，它是以公司章程、财务制度为依据，从合法性、合规性和合理性的角度对单位财务行为和财务活动实施的控制；另一种是预算控制，它是以财务预算的分解指标为标准，对单位财务预算指标及其主要措施的实施情况进行的控制。实行财务控制是落实预算任务、保证预算实现的有效措施。财务控制的一般步骤包括以下几点。

(1) 确定控制目标。财务控制目标可按财务计划指标确定，对于一些综合性的财务控制目标应当按照责任单位或个人进行分解，使之成为能够具体掌握的可控指标。

(2) 建立控制系统。按照责任制度的要求，落实财务控制目标的责任单位和个人，形成从上到下、从左到右的纵横交错的控制组织体系。

(3) 信息传递与反馈。这是一个双向流动的信息系统，它不仅能够自下而上地反馈财务预算执行情况，也能够自上而下地传递调整财务预算执行偏差的信息。

(4) 纠正实际偏差。根据信息反馈，及时发现实际执行情况与预算目标的差异，分析原因，采取措施加以纠正，以保证财务预算目标的实现。

五、财务分析的方法

财务分析是以单位财务报表为主要依据，运用专门的分析方法，对单位财务状况和经营成果进行解释和评价，以便于投资者、债权人、管理者及其他信息使用者做出正确的决策。单位进行财务分析常用的方法有比较分析法、因素替换法、比率分析法，其中比较分析法是单位财务分析的基本方法。

(一) 比较分析法

比较分析法是将可比的财务指标进行比较，根据比较的差异，分析单位财务状况和经营成果的一种方法。指标比较的范围，包括以下方面。

以报告期实际指标与计划（预算、目标等）指标相比较。这种比较一方面可以揭示计划（预算、目标）的完成情况，另一方面可以评价计划（预算、目标）本身的正确性和先进性。

以报告期实际指标与上期实际指标相比较。这种比较可以反映指标的变动情况及其发展速度，据此研究其发展变化趋势。

以报告期实际指标与本单位历史最高水平相比较。这种比较可以了解单位的现状，以便找出差距，分析原因，赶超历史先进水平。

以报告期实际指标与条件大体相同的先进单位相比较。这种比较可以找出本单位的薄弱环节，反映单位在同行业竞争中的地位。

在运用比较法进行分析时，必须注意指标之间的可比性，做到指标时间范围必须一致，指标内容和计算方法必须相同，不同单位之间的生产经营条件大体相同。

(二) 因素替换法

因素替换法又称为连环替换法。它是在比较分析法的基础上，分析某项财务指标的差异受哪些因素影响及其影响程度的一种方法。单位各项财务指标的完成情况是受许多因素综合影响的结果，这些因素可能按照不同的方向发生不同的影响，同时各个因素所发生的影响又是相互联系的。因此，要分析各个因素对财务指标完成结果的影响程度，只有有序地把其中一个因素当作可变的，而暂时把其他因素当作不变的情况下，才能单独地反映出这个因素的变动对被分析指标的影响程度。这样能帮助人们找出影响指标变动的主要因素与次要因素，以便抓住主要矛盾，使分析更深入。

（三）比率分析法

比率分析法是把某些彼此存在关联的项目加以对比，计算出比率，据以确定财务活动变动程度的分析方法。采用这种方法，能够把某些条件下的不可比财务指标变为可以比较的指标。比率指标主要包括结构比率、效率比率和相关比率三种。结构比率是某项财务指标的各个组成部分与总体的比率，反映部分与总体的关系。其一般计算公式为：

$$结构比率=\frac{某个组成部分数额}{总体数额}$$

利用结构比率可以考察总体中某个部分的构成和安排是否合理，以便协调各项财务活动。效率比率是某项财务活动中所费与所得的比率，反映投入与产出的关系，如成本费用与销售收入的比率、利润与资本的比率等。利用效率比率指标，可以进行得失比较，考察经营成果，评价经济效益的水平。相关比率是以某个财务指标与和其有关但又不同的另一指标加以对比所得的比率，反映有关财务活动的相互关系。利用相关比率指标，可以考察有联系的相关业务安排是否合理，以保障单位经营活动顺畅进行，如将流动资产与流动负债对比，计算出流动比率，据以判断单位的短期偿债能力。

第二章　财务管理内容

第一节　筹资管理

一、资本成本

（一）资本成本的概念

资本成本又被称为必要报酬率，其具体内涵为：公司为了获得资金需要满足资本方的相关性条件。资本成本的产生与其所有权、使用权的相互联系是密不可分的。站在资本方的角度来说，因为提供了资金或者一些其他的帮助，所以需要让被投资方满足自己的一些条件，去获得利益，满足资本的需求。如果站在被投资方的角度，因为资本方满足了自己的一定需求，所以自己有必要付出相关的代价去满足资本方的需求。资本的投资主要表现方式有两种：绝对数与相对数。下面的介绍采取绝对数表示的投资成本，其具体由以下两个方面组成。

1. 筹资费

筹资费的具体内涵为：公司为了获得资本的投资所需要的代价。举例来说，资金筹集的费用由被投资方向银行支付。与此同时，筹集资金一般情况下为一次筹集完成，在使用资金时，不会再次发生筹集情况。所以，它被当作筹集资金的扣除。

2. 占用费

占用费的具体内涵为：当公司使用资本的资金时，对资本占用所产生的费用。举例来说，被投资者向银行付资本的相关利息成本，为公司的持股人提供一些福利等一系列行为。该费用是被投资方占用了资本所必须付出的代价，其是资本投资成本的重要组成部分之一。

(二) 资本成本的作用

第一，对比筹资方式的好坏和选择筹资的方案都需要依靠资本成本。一切筹资方式的对比和评分都需要参考资本成本率。虽然筹资方式的评估涉及方方面面，但是资本成本始终占据评估筹资方式的核心地位，因此当除了资本成本率不同而其他条件都一样的时候，单位在选择筹资方式时一定会优先选择资本成本率相较而言最低的那种。

第二，判断一个资本结构是否具有合理性，需要依据平均资本成本。单位以后能够使用多少现金决定了现在单位的价值，而将单位的价值最大化，则成为单位财务管理的目标。

第三，评价一个投资项目是否可行需要依据资本成本。不论对什么项目进行投资，一旦预期的投资报酬率达到甚至超过在该项目上所需要使用的资本成本率，那么就一定值得对它进行投资，从经济的角度来说就是成功的。所以，投资时，资本成本率的大小非常重要。

第四，评价单位的整体业绩需要依靠资本成本。单位的资本成本率具有一定的时效性，在该效应期间，可以参考该数据观察该单位在筹资管理方面做得如何，并且可以根据该数据分析得出该单位的经营业绩能达到什么程度。只有该单位的总资产的税后报酬率比平均成本率高，才可以得到一定的利润，不然就是亏本。

二、短期筹资管理

(一) 短期筹资的概述

对 1 年以内或超过 1 年的一个营业周期的资金进行筹集，通常属于短期筹资的范畴，它具备如下特征。

第一，筹资速度快。开展短期筹资活动，期限较短也不需要承担过高风险，因此综合考虑的时间就较短，开展这种投资模式也更加简便。

第二，筹资弹性好。在对长期资金进行筹集时，往往存在诸多限制性条款，而短期筹资的限制因素较少，因此具备更加显著的灵活性。

第三，筹资成本低。如果出现筹资期限较短的状况，债权人并不需要承担较大的利率风险，此时的资金使用成本也更低。

第四，筹资风险大。开展短期筹资活动，通常需要在短期内就对这类资金进行偿还，这使筹资方的资金运营成本更高，稍有不慎就会出现财务危机。除此之外，短期负债利率也会出现较大波动，与长期负债的利率水平相比，存在更加显著的不稳定性。

（二）短期筹资的分类

短期筹资可以根据不同标准划分为不同类型，其中以下两种分类方式是最常见的。

第一，根据能否确定应付金额，可分为应付确定金额和应付不确定金额的短期负债。

应付金额确定的短期负债，是指根据合同或法律规定，到期必须支付，而且这个金额是确定的短期负债，如短期应付贷款、应付票据等。应付金额不确定的短期负债，是指那些要按照公司的生产经营情况，在一定期限内才能确定的短期负债或应付金额需要估计的短期负债，如应付税款、应付股息等。

第二，按短期负债的形成，可分为自然性短期负债和临时性短期负债。

自然性短期负债，是指因公司的正常持续经营而产生的短期负债，不需要正式安排，而且是通过结算程序自然产生的短期负债。生产经营过程中，公司由于法定的结算方案，部分应付账款的形成时间比支付时间晚，这部分已经形成但还没有支付的货币成了公司的短期债务，如商业信贷、应付工资、应付税款等。临时性短期负债是根据公司对短期资金的需求，由财务人员通过人为安排形成短期银行贷款或其他短期借款而产生的负债。

（三）短期借款筹资

1. 短期借款的种类

一般来说，短期借款筹资是针对银行而言的，其又被叫作银行流动资金借款，主要作用是为单位缓解短暂性的资金需求。该借款是由银行提供的，属于短期筹资的主要形式。单位的短期借款一般包括信用借款、担保借款与票据贴现。

(1) 信用借款

信用借款指的是在借款时，单纯地依据借款人的信用，不具备担保物或者担保人，因此又称为无担保借款。通常情况下，在实施信用借款时，贷款人会为借款人提供相应的信用额度或者两者签订持续借款合同。所以，该类型的借款又被划分为以下两个类型。

第一，信用额度借款。信用额度借款指的是在将来的某一段时间中，商业银行和单位实施协议，即银行对单位提供无担保的最高额度的贷款。一般确认信用额度是要经过银行对单位的信用等级实施调查评估的。通常信用额度借款需要确定以下事项：①信用额度的时间。确定频率为一年一次，甚至时间更短。②信用额度的数量，也就是银行可以为单位提供的贷款最高数额。倘若银行为单位设置的最高数额为1200万元，单位已经在银行借款1000万元，且尚未归还，如此之后单位的借款最高只能为200万元。③应支付的利率与其他约定。

第二，循环协议借款。作为出色的信用借款之一，循环协议借款最大的特点是在最高借款额度之内，公司能够实行以“先借款、再还款”为一个周期的循环操作。当然，在此之前，公司和银行需要根据它的借款条约，来确定借贷的最高额度。

循环协议借款相较于其他的信誉额度借款，具有以下三个不同之处：首先是合同的有效时间更长。常理来说，信誉额度借款合同的持续时间为一年，但是循环协议借款的有效期是远远多于前者的，原因在于如果公司和银行一直依据合同来合作，那么时间可以无限延后。其次是循环协议借款有法律限制。对于信誉额度借款来说，银行是没有法律限制的，即没有法律规定一定要给公司贷款。而后者有法律限制，在规定的额度之内银行必须给公司贷款。最后是需要付出合同费用。合同费用指的是因为公司与银行之间是根据合同贷款，所以不仅需要付出利息，还需要支付合同费用。具体表现在贷款金额中公司没有运用的比例征收的金额。正因如此，银行收取了合同费用，所以有为公司贷款的法律限制。相较之下，信誉额度借款则不需要。

(2) 担保借款

顾名思义，担保借款需要一定的担保才能达成借款条件，这里的担保可以是一些资产用于抵押或是一些担保证人进行担保。根据《中华人民共和国民法典》，一般担保借款有三种模式。

第一种模式叫作保证借款，即担保证人在借贷方无力还款之时，依据合约需要承担连带的责任或是保证的责任，以此方式达成协议，完成借款。

第二种模式叫作抵押借款，即以贷款方的资产作为抵押，以此方式达成协议，完成借款。

第三种模式叫作质押借款，指的是贷款方以权力或是流动资产用于抵押，以此方式达成协议，完成借款。

(3) 票据贴现

当商业票据的拥有者出售没有到期的票据给银行，并且付出部分利息换取银行的经济支持，这种借款的模式称为票据贴现。作为金融信誉逐步成熟的体现，它的本质其实是银行信誉。进行票据贴现时，会产生贴现利息，其主要成分是支出金额与票面金额的差值。而贴现利息与票面上的金额的比值即为贴现率。因为银行是以票据贴现的形式和销货单位进行交易，所以需要支付一定的利息。

票据贴现的优势在于，公司既可以平衡日常的资金短期支持，又可以在需要资金的时候收到相应的金额，是一种十分灵活的使用方式。

2. 短期借款筹资的考虑因素

实施短期借贷筹资时，最重要的两个考虑因素是短期内银行的借贷成本和在借贷时银行的选择。

(1) 短期内银行的借贷成本

我们一般以贷款的利率来体现银行的借贷成本。依据全球通用的范例，短期之内，影响银行的借贷利率的因素有：借款单位所借款的实际额度和时间，还有单位本身的性质。举个例子，对于一些信誉良好且借贷的金额等一系列风险较低的单位，一般只需要支付偏低的利率，相反的话就需要支付更高的利率。并且，银行的贷款利率也有许多不同的分类，如单利、复利、贴现利率等。单位可以依据自身的实际情况，规划好短期借款的成本等，以此确定用哪种利率。

第一，单利。其含义是：本金是固定的，达到最后期限结算所有的利息成本，但是不会把本金产生的利息考虑在内。把贷款的数额和具体的时间相乘，然后通过这一特定的运算公式得到利息具体数额。通常情况下，绝大多数的银行会按照当地的方法对贷款收取利息，公司为了更好地节约成本，也会从多个方面比较不同银行的利息来借款。在这种特定的情况之下，较短时间内的借贷成本的高低和银行的利率以及利息的大小有很大的联系。如果银行的利息是在借款的最终日期和原来的资金一起进行支付，那么原本设定的利率就是真正的利率。

第二，复利。用复利的方式对其进行相关的运算，那么就等同于对利息进行了再一次的计息。如果按照这种方式进行计算，借款人承担的利率一般情况下要远远大于名义上的利率。借款人在借款的最后期限之前，每一时间段定期支付的利息次数越多，那么其相关利率就会远高于名义上的利率。

第三，贴现利率。其具体指的是：当出现贴现利率的状态，相关的银行向借款人发放贷款金额的时候，提前把贷款里面的利息去除，然后用贷款数额的大小和贴现利率之间的差距把贷款发放给借款人。所以，借款方实际上得到的资金额通常情况下是小于借款的数额的。与此同时，当借款到最后期限的时候，利息也就不复存在。如果用这种利率向银行借款，那么借款人实际上的贷款利率会高于银行的利率，与此同时，这种利率也会超过复利贷款的利率。

(2) 贷款银行的选择

单位在较短的时间内向银行借款，降低借款的成本是单位选择贷款银行的关键性因素。在当今社会经济快速发展、金融政策逐渐完善的特定时代背景之下，如何选择正确的银行对单位的发展是极其重要的。不同的银行拥有不同的利率和服务方式以及金融产品，但是其主要的不同有以下几点。

第一，银行对待风险的处理方式。银行之间对待风险的相关政策是不尽相同的，有一些银行的政策是比较传统的，然而，有一部分银行会根据市场和消费者的导向，推出新的政策和消费产品。银行之间采取的不同政策，能够反映银行的经营特点和银行掌权人的特征。一般来说，规模较大的银行消费者群体广泛，业务繁多，能够很好地分散风险，但是一些较小规模的银行很难做到这一点。

第二，银行向客户提供咨询。一些规模大、专业化程度高的银行会向消费者提供许多方面的咨询服务，来满足消费者的需求，但是很多银行却没有这一咨询服务。

第三，银行对待借款方的服务态度。一般情况下，银行为了追求更多的利润，对待借款人的态度都较好。但是当银行的经营状况处于不良情况时，银行怎么样对待借款方可以很好地体现银行对待借款方的态度。不同银行对借款方的态度是不一样的，有一些银行不管借款方处于何种困境，都要求其必须定时定量地偿还银行贷款。但是有一些银行会对这种情况进行体谅，会在一定程度上帮助这种有困难的公司渡过难关。

第四，银行贷款的规范度。不同银行贷款的规范度有着很大的不同。专业化程度高的银行有着专门的部门，根据借款方的不同需求和情况对其负责。然而，一些规模较小的银行，其主要关注点在于公司是否有较高的利润。借款人可以从规模大、专业化程度高的银行那里获得更主动的支持和更有创新性的合作。基于这种情况，借款方应该考虑多方面的因素，仔细选择符合自己需求的银行。

第五，其他。还有其他各种不同，如银行规模、银行实力的大小等一系列因素，公司在借款的时候都必须将其纳入考虑的范围。

三、长期筹资管理

长期筹资是一种单位长期在资本市场中通过各类渠道和方式筹集单位所需资金的基础性活动。

（一）长期筹资的动机

单位筹资有各种各样的动机，如维护资金链的运转、研发高新技术产品并购入材料、加强合作与投资等，这些都是有特殊和具体动机的单位筹资活动，而一般的单位筹资活动都是为了维持单位的经营和管理活动，提供单位所需资金。总的来说，单位进行筹资活动的动机有以下四类：创立性筹资动机、支付性筹资动机、扩张性筹资动机和调整性筹资动机。

1. 创立性筹资动机

创立性筹资动机，是指单位为了在最初创立时拥有或筹集到可以满足单位进行经营管理活动的资本金的一种动机。单位必须拥有创业资金才能开始建立公司并开展业务。《中华人民共和国公司法》和《中华人民共和国个人独资企业法》等与建立单位相关的法律规定，无论哪一个单位想要创立都必须拥有创业资金，其中包括股东们在单位内部合理的出资额度。建设单位还要关注其资金链的流动速度和单位的规模等，这样才能及时地购置材料与设备，调节资金的流动，保证单位拥有一定的流动经营能力。在进行股权资金的申请时，若注册资本或公积金不足，可向银行借款，运用债务资金补全其创业资金。

2. 支付性筹资动机

支付性筹资动机，是指单位在开展业务也就是正常经营时出现的支付需要的一种动机。但是，有时会出现需要临时资金补足或临时需要购入一批新型材料、按季发放股东福利和员工工资等波动较大的情况，这时就需要临时筹资来维持单位的经营发展。除了正常开展经营活动时会出现支付需要，还要注重支付需要波动大时的临时筹资。

3. 扩张性筹资动机

扩张性筹资动机，是指单位产生对外投资和扩展经营范围等需求的一种动机。单位规模不变、生产经营活动不变时，只要不受到重大因素影响，一般就不会产生资金不足或周转不过来的问题，因此，一般也不需要再度进行筹资活动。但是单位如果要对外投资或扩展业务，则需进行扩张性筹资。一般来说，发展时期的单位前景广阔，自然也会产生对外投资或是扩展经营范围的需求，但是若要进行扩张性筹资，则需做好筹资安排，在决策中应做好筹资时间及其规模的计划安排，以免出现筹资时间的延误和筹集资金的浪费等情况。对于扩张性的筹资活动来说，其结果一般是单位规模的加大和管理结构的优化。

4. 调整性筹资动机

调整性筹资动机是单位因资本结构调整而产生的筹资动机。控制财务风险，降低资本成本，提升单位价值是资本结构调整的目的。单位进行融资调整有两个主要原因：第一，需要对财务杠杆进行合理利用，以此优化资本结构。单位资本结构不合理的原因有负债资本比率过高导致的财务风险过高，股权资本占比过大导致的单位资本负担重。通过募集股权或债权资金以达到调整和优化资本结构的目的。第二，通过偿还到期债务来整理单位内部债务结构。如果流动负债的占比很高，可以利用长期债务偿还部分短期债务来降低单位短期债务的偿还压力。有的时候，一些债务快到还款时间了，单位虽然有足够的偿付能力，但为了维持现有的资本结构，可以继续借新还旧。调整性筹资的目的是调整资本结构，而不是为单位的经营筹集额外的资金，这通常不会增加单位的总资本。

（二）长期筹资的分类

1. 内部筹资与外部筹资

单位的长期筹资根据资金来源的范围，分为内部筹资和外部筹资两种，单位一般应先充分利用内部筹资，再去考虑如何进行外部筹资。

内部筹资是指单位通过留存利润在内部形成的可筹资的资金。单位内部自然形成的筹资是内部筹资，因此内部筹资又叫作“自动资金来源”，一般不需要筹资成本，其数额通常取决于单位可分配利润的大小和利润分配政策（或股利政策）。

外部筹资一般是单位在内部筹资不能满足需求的情况下，通过外部筹资形成的资金来源。在单位创立的初始阶段，有限的内部筹资可能会限制单位成长，尤其在单位的成长期，内部筹资往往更加难以满足需求。因此外部筹资是很多单位最好的选择。

单位的外部筹资方式有很多种，主要包括投资筹资、股权筹资、长期贷款筹资、债权筹资和租赁筹资等，单位的大部分外部筹资需要支付筹资成本。例如，发行费用是发行股票和债券必须支付的，有时获得长期贷款也是需要支付部分费用的。

2. 直接筹资与间接筹资

单位的筹资活动根据是否使用银行贷款可以分为直接筹资和间接筹资。

直接筹资是指单位直接与资金所有者进行谈判，中间不借助银行或其他金融机构的帮助的筹资活动。在直接筹资的过程中，筹资单位不求助于银行等金融机构，直接与资金所有者进行谈判，会使用特定的筹资方式来获取资金。随着宏观金融体制改革的不断深入，我国单位的直接筹资得到了发展。具体来说，直接筹资主要包括投资者所持有的资金、股票发行和债券发行等。

间接筹资是指单位借助银行等金融机构来融通资本的筹资活动，是一种传统的筹资类型。在间接筹资活动过程中，银行等金融机构发挥着中介作用，它们先集聚资本，然后提供给筹资单位。间接筹资的基本方式是银行借款和融资租赁。

第二节 投资管理

一、单位投资的意义

投资，从宏观上来说，是公司为了日后能够获得利润而投入资金的一种举措。其涵盖了在配置、场地购买搭建和升级换代等生产类型资金的投入，又被称为项目投资，以及交易债券、股票之类的定价证券或者其余种类的资金投入。本章节阐述的项目投资，指的是针对指定项目以及与项目新搭建或者是升级换代等密切相关的长时间的一类投资举措。公司应当借助投资来分配资源，以便于创造生产，从而获得日后的财产收益。

(一) 投资是单位生存与发展的基本前提

公司生产运营，即公司财产的使用以及财产状态的变化。投资作为一类资金付出举措，借助资金的流出，购买搭建动态资本以及长时间资本，创建生产基础以及能力水平。具体而言，无论是创立公司还是创建生产经营线，都属于资金投入。借助投资，明确公司的发展道路，分配公司的不同财产，令其能够合理地组合，发展出单位的整体生产运营技能。若是公司意图进入新兴领域，或研发新型的产品，应当先投入资金，所以资金投入决定是否合理，将对公司的成长起到很大的作用。

(二) 投资是公司得到收益的基础

公司投入资金，是为了借助付出一部分钱财或者其他事物的资产，购买、建设和分配建立公司的不同财产，开展某一种运营，从而得到日后的财政收益。只有借助投资提升生产运营水平，公司方可进行更为详细的运营措施，得到运营收益。通过交易股票与债券这类定价证券模式面向另外的部门进行资金投入，能够借助收取股票利息以及债款利息从而获得投资的利润，同样能够借助证券变更获得利润，除去交易股票、债款，公司还能够借助基金的交易来获得利润。

(三) 投资是单位风险控制的重要手段

公司运营常常会面对众多风险，包括市场争夺、财产周转、材料增值、花费较高等风险。资金投入是公司用以掌控风险的一种方式。借助投资能够把财产投入公司运营的短板之处，让公司的生产运营合理、均衡、相适应。借助投资能够达成运营的丰富化，把财产投入与运营联系较远的各类产业之中，将风险化开，稳固利润，使资金变动风险和变现危机程度下降，从而提升资金的安全程度。

二、单位投资的分类

单位投资需要依照投资性质进行分类，在进行投资时能够根据性质决定是否值得投资，在管理端加强执行力与决策力。

(一) 直接投资、间接投资

单位投资可以根据该投资是否会和单位本身的生产经营存在关联进行区分，如果该投资行为能够直接介入并影响该单位的生产经营则称为直接投资；如果该投资行为不能介入该单位的生产经营则称为间接投资。

直接投资最明显的特征是投入的资金能够明显影响单位的生产经营，如通过购买劳动力、劳动资料等具备生产特征的要素直接介入单位生产经营活动。

间接投资则是不会介入该单位生产经营的过程中，而是购买一部分该单位发放的各种金融债券及股票等进行投资，等待该公司盈利后根据盈利的多少与购买金融债券的比例形成一定的关系进行分配，获得多于购买金融债券时的利润。在法律意义上，基金投资也是一种间接投资，它的获利方式与上述投资方式有异曲同工之妙。

(二) 项目投资、证券投资

单位在进行投资时，会根据投资对象是以什么形式存在、其本身的性质是什么来进行划分，现在主流的两种投资是项目投资与证券投资。

单位通过投资购买的存在实际意义的经营资产并且因此产生了一定的市场竞争力，能够获得利润，这种投资称为项目投资。项目投资一定会存在目的性，一旦一个项目落地，就一定要能够获取一定的利润。而获取利润的方式可以是改变了某方面的生产条件，使其变得更好，也可以是加大了该单位的产能。这种改变直接影响了单位的生产经营活动，因此，项目投资也会被认为是直接投资的一种形式，只是项目投资是按照投资的对象进行划分，而直接投资是看是否直接影响了单位的生产经营活动。

单位通过购买其他单位发行的证券等金融资产，或者发售本单位的证券等金融资产给其他公司，扩大自身金融资本或者扩大其他单位的金融资本，以此来影响单位的策略等方针，达到盈利的目的，再通过各种手段获得法律意义上承认的利润，这种投资称为证券投资。因为这种投资方式没有介入单位的生产经营活动中，所以也属于间接投资，二者虽然划分对象不同，但究其本质还是有共通之处的。

(三) 对内投资、对外投资

单位投资根据投资是否在本单位内也可以划分为两种投资方式：对外投资和对内投资。

对内投资的概念主要是看是否会在单位内部进行投资，而针对自身的投资一定是希望扩大生产经营规模，提高生产效益等，因此，对内投资属于直接投资。

对外投资主要是在本单位以外的其他单位及单位进行投资，可以通过各种类型的资产进行投资，也可以通过各种形式的投资方式进行投资，因此对外投资既可以是间接投资，也可以是直接投资，但间接投资的占比一般比较多。

(四) 独立投资、互斥投资

投资项目之间也会存在一定的关系，而根据关系可以把单位投资方式划分为两种：独立投资和互斥投资。

独立投资是指投资的各个项目没有任何的冲突，可以互相兼容，同时发展。但是互斥投资则不行，互斥投资指的是各个项目进行投资时存在先后或者其他的不可兼容的关系，因此会存在排他性，所以互斥投资在进行投资活动的时候会有多种方案，从这些方案中选出一个最好的方案去投资。

（五）初创投资、后续投资

单位存在不同的发展过程，根据发展过程进行投资，可以把投资分为初创投资与后续投资两种投资方式。

当一个单位刚刚建立时，需要一笔资金进行经营运转，这笔投资被称为初创投资，这种投资是一个单位正常创建的先决条件。但是一个单位是不断发展的，当度过创造期后，就需要把单位做大做强，此时的投资就被称为后续投资，这种投资是为了做大做强单位，也可能是为单位提供改革的资金。

三、投资管理的原则

投资管理程序包括确定投资目标、制订投资管理计划、进行可行性分析、控制实施过程、绩效评估等。为了适应投资项目的特点和要求，实现投资管理的目标，需要制定投资管理的基本原则，以便投资人做出合理的投资决策，从而保证投资活动的顺利进行。

（一）可行性分析原则

大型投资项目一般需要注入的资金多且占用时间长，导致投资的风险加剧，所以对单位的运营状况和发展前景会产生巨大影响。因此，在决定是否投资时，必须建立一套完整且高效的投资决策流程，并对该投资决策从技术、经济、盈利能力等方面进行一系列可行性分析。

投资项目可行性分析是投资管理的关键程序之一，其主要目的是对投资项目具体实施过程中的因素进行科学的研究，并得出合理的推论。具体过程是对投资项目实施后可能获取的经济能力和对社会环境可能造成的影响等进行预测，通过定性或定量分析说明项目的好坏，为投资决策提供依据的一种综合性的系统分析方法。其主要包括环境、技术、市场、财务等方面的可行性分析。

环境可行性主要是要求投资项目对环境的不良影响应该在一个合理的范围内，与此同时还能产生一些积极的效应，其中包括对自然、社会人文和生态等环境的影响。

技术可行性主要是根据投资项目要求，从技术角度研究并实现可以将项目进行下去的可能性，过程中发挥技术的适应性和先进性，包括工艺、设备、方法等。

市场可行性主要是指市场对投资项目形成产品的需求量、产品的生命周期、竞争产品的状况等进行分析，得出产品的市场占有率，进而才能带来经济上的可行性。

财务可行性主要是从投资者的角度，设计合理的财务方案，站在单位理财角度进行资本预算，评价项目的财务盈利能力。

财务可行性分析是投资项目可行性分析的主要内容之一，投资项目是为了获取经济效益最大化，财务和技术上的可行性的目的也是实现经济上的效益性，项目实施后的业绩绝大部分表现在价值化的财务指标上。财务可行性分析的主要内容包括：支出、收入和利润等经营指标的分析；负债表、所有者权益表、利润表等财务状况指标的分析；资金筹集和分配的分析；资金流出以及流入的整个运行过程的分析；项目现金流量、净现值、内含收益率等项目经济性效益指标的分析；项目收益与风险关系的分析；等等。

（二）结构平衡原则

投资是一个工程，需要各方面架构的平衡，其中既涉及固定资产等生产能力和条件的构建，也涉及软件设施所需要的流动资产的配备。因此资金是否充沛，决定了投资之间的供需关系，从而也考验投资人对资金的分配是否合理。使有限的资金发挥极限的作用，是投资管理中资金投放所面临的重要问题。所以投资项目的管理就是对项目的综合考察。资金既要用于购买主要生产设备，又要用于购买辅助设施；既要满足长期资产的需要，又要满足流动资产的需要。投资项目在使用资金时，要遵循结构平衡原则，对资金进行合理配置，具体包括：固定资金与流动资金的分配比例、生产能力与经济获取能力的平衡关系、资金多少与资金运用的匹配关系、项目进程和资金供应的协调关系、流动资产内部的资产结构关系、对内投资与对外投资的顺序关系、直接投资与间接投资的投入比等。投资项目在实施过程中，大笔资金被主体项目长期使用，容易破坏结构平衡原则。在此过程中及时做出调整，才能保证投资项目有序运行，避免资源的虚耗和浪费。

(三) 动态监控原则

投资的动态监控是指对投资项目整个实施过程的监督观察。特别是对于那些体量大、耗时长的投资项目来说，必须根据具体的工程预算实施有效率的动态监控。

投资项目的工程预算是对未来一定期限内的工程项目在收入和支出方面的财务计划。建设性投资项目应当按固定资产、无形资产、其他资产投资划分工程，对工程又划分为工程费用、预备费和建设信息等，在此基础上对工程项目进行资金支付和资金估算，控制工程进度中没有必要的资金损耗，防止资金浪费，通过工程结算，全面盘点所建造的固定资产数目等，确定工程造价是否合理，保证工程资产合理的账面价值。

对于间接投资而言，投资前首先要认真分析投资对象所能带来的经济效益，根据风险与收益均衡原则合理选择投资对象。在决定是否提供资金支持时，投资者要充分收集被投资对象的基本情况、资本市场中与其同类型的项目的区别等相关信息，全面了解被投资项目的经济收益状况和经营成果，这属于保护自己的财产权益。有价证券类金融资产投资，其投资价值由被投资对象所能产生的经济效益决定，又受资金以及资本制约。这就需要我们对市场的利益关系和风险等关系的变化有预见性，不断对各类项目投资价值进行估算，寻找转让证券资产和收回投资的最佳时机。

四、项目投资及决策

项目投资的具体内涵为：把资本流量直接用到生产经营方面的项目，用来达到购买生产器械、修建设备等目的。这种类型的投资通常情况下在公司的内部进行，但是也涵盖了实物性的对外投资。

(一) 独立投资方案的决策

独立投资方案的具体内涵为：多个方案互不依赖，但是可以一起存在，每一个项目的决策也是没有关系的。以这种类型的投资方案的决定为筛分的类型，对方案的合理性进行评价的时候，换句话说，就是看项目有没有达到一定的合理性标准。当方案之间开始进行比较时，决策应该解决对方案的排序问题，也就是方案之间怎么排序的问题。当对方案进行排序的时候，用方案可以取得的收益作为评价方案好坏的标准，通常情况下用内含报酬率对方案进行评价。

(二) 互斥投资方案的决策

互斥投资方案的具体内涵为：每一个方案都是独立的，相互矛盾，不能共同存在，所以应该选择较好的方案，舍弃缺陷方案。以经济收益多角度作为出发点类型的方案，应以方案的收益作为方案评估的标准。基于这种情况，一般会用净现值的方法以及净流量法对其进行评估，然后找到最优方案。但是净现值数值受方案投资时间回报的影响很大，因此用第二种方法去评估最优方案是最合理的。

1. 项目的寿命期相等时

在项目建设时间相同的情况下，不管方案原来的投资数值是多少，可以让项目获利最大的方案，就被称为最优方案。基于这种情况，如果项目的建设时间是相同的，在这种类型的方案决策中，开始投资的金额多少对决策没有什么实质性的影响，不需要把最初投资额的大小放入考虑的范围。此时可以用内含收益率对其进行评价。

在这种类型的决策中，净现值法的具体内涵为：在互斥方案中，用净现值数值的大小对方案进行评估，从而找到最好的方案。内含收益率法的具体内涵为：在互斥方案中，用内含收益率数值的大小对方案进行评估，从而找到最好的方案。

2. 项目的寿命期不相等时

如果两个建设时间不同的项目在进行互斥投资，可以用下面两种办法。

第一种，采用相同年限的办法。从持续经营的角度出发，建设时间较短的项目，其投资进行回收后还可以继续对新的项目进行投资。如果项目的建设时间不同，那么可以找到项目建设时间的最小共同建设时间作为项目的建设时间。在不同项目在最小公倍数的建设时间内，去评估净现值的数值。

第二种，年金净流量的方法。运用方案中的净现值进行相关的计算，方案的投资资本一样的时候，选用年金流量较大数值的方案；方案的投资资本不同的时候，必须还要对其他的指标进行计算。

（三）固定资产更新决策

固定资产更新决策的具体内涵为：对不适合当前发展或者生产的东西进行更换或者升级。这种类型的决策就是对其做出评估并且作出决定。

1. 寿命期相同的设备重置决策

通常情况下，如果用新设备更换旧设备，不改变单位的生产能力，单位的经营收入也不会提高。即使存在少量的残值，利用降低价格来招人，也不会使收益真的大幅度增加。因此，大多数折旧设备重置含在替换重置中。在替代计划中，现金流出是发生的主要流向。如果新设备的性能得到提高，单位的生产能力因此得到了扩展，设备的复位就是扩展重置。在新旧设备使用寿命相同的情况下，可以用差分法计算两个不同方案现金流量的增减，这样计算过程也比较简单。

2. 寿命期不同的设备重置决策

针对不同生命周期的设备重新设置方案，可能不会通过使用清洁现行价值指标产生正确的结果，应采用最低公倍寿命和年度净现行价值的方法。

最低公倍寿命的方法，也被称为最小的方法复制项目构成分析方法，根据总体寿命最小公倍数视为比较期间，条件是多重资金投资于这一时期，两者都有多重投资比较和匹配了相应的净现值。“最低公倍寿命法”的优点在于它很容易理解，缺点是有时计算困难。

第三节　财务管理的特点与优化

事业单位是为社会发展提供公益服务的公益性、服务性机构，主要任务是推动社会各项事业的创新发展。

一、财务管理的特点分析

事业单位和社会营利单位有根本性的不同，具有明显的发展特征。事业单位是不以营利为目的的，不会直接创造物质财富。对于需要收费的劳务或者是产品，往往会按照成本价进行收费。由中央或者是地方的财政部门及其他提供者，为事业单位提供发展资金，且提供者对于提供的资金，并不会期望按照投入比例来收回利益。事业单位会计跟企业会计相比，有着明显不同。事业单位资金的使用需要严格遵守国家管理部门，以及资产提供者制定的规定要求。事业单位的财务管理是经济管理的重要核心内容。有效的财务管理可以保证事业单位工作计划和任务的全面完成。事业单位财务管理工作包括预算管理、资产管理、负债管理、收支管理等工作。

二、财务管理的优化措施

(一) 完善财务管理制度，提升约束力

事业单位需要从国家宏观管理的角度分析本单位的实际发展需求，形成可行的财务管理体系和会计工作流程，提高财务管理质量。其中对现金的管理要求、财务的审批要求、预算的编制要求等有明确的规定。要制定出适应性和可行性强的财务管理制度，必须要符合事业单位实际发展需求，不能生搬硬套其他单位的财务管理。同时，在内部财务制度的规定表述上，要尽量使用易于理解的内容，使操作和实施更加方便。事业单位财务管理工作开展的主要任务是把财务监督职能充分发挥出来，通过开展财务监督工作，能够确保事业单位在工作当中认真地贯彻落实国家的方针政策要求和财务管理制度的相关要求，并在工作中严格遵守国家财政纪律。

完善财务管理制度，可以强化事业单位内部制度的约束力，减少事业单位违法乱纪行为。更加完善的财务管理制度还会对重要的岗位及薄弱的工作环节进行加强控制，让工作职责更加详细化。要做到制度管理，责任落实到人，不相容的工作岗位必须相互分离。完善的财务管理制度会定期审核事业单位所有的资产，确保账实相符。

(二) 建设高水平的财务管理工作团队

事业单位领导和财务管理部门需要加强对财务管理工作的重视，改变传统发展中的利益，明确财务管理理念，具有创新的财务管理理念，从传统会计转变为经营管理。随着事业单位改革的不断深化，事业单位的财务管理

体系和管理模式也需要改变。事业单位领导和财务管理部门，需要对事业单位的发展产生明确的认知，针对现有的会计人员和内部审计人员通过素质教育，加强培训教育，提高会计人员和内部审计人员的专业素质，组织事业单位现有的财务管理工作人员，深入学习经济学、会计学等相关知识。熟练掌握事业单位财务会计管理规定要求及相关工作准则，通过全面提高会计人员的综合素质，保证工作质量。

事业单位的领导人需要起到模范带头作用，认真学习有关国家财政及财务管理的法律法规，并认识到财务管理对于事业单位各项工作开展产生的重要影响，增强个人财务管理及依法理财的能力。管理人员只有从思想上认识到财务管理工作的重要性，并定期了解本单位预算管理执行力度及财务管理情况，才能够激发会计人员的工作积极性，让会计人员依法履行个人工作职责，严格按照财务管理规章制度开展工作。领导层自身具备财务管理意识，也会在工作当中督促相关部门和职工开展财务管理工作，保障财务管理制度的快速贯彻落实。

事业单位还需要有计划地招聘年轻的、具有审计和会计专业学历的专业人员负责财会和内部审计工作，不断为事业单位补充新的财务管理力量。事业单位需要对现有财务管理人员进行业务培训，帮助工作人员能够更新自我知识结构，对于新政策能够充分地认知和了解，满足新时期事业单位发展对财务管理部门的要求。对在事业单位财务管理活动中表现突出的人员，事业单位需要及时地进行奖励和重用。只有积极完善内部控制机制，强化领导对财务管理的重视力度，加强对财务人员的培养，提升财务人员地位，才能够在事业单位内部打造出更加高水平的财务管理工作团队，把完善的财务管理工作机制更快更好地贯彻落实下去。

（三）严格执行预算管理规定

财务管理工作中预算管理属于最基础的工作内容，同时也是最关键和核心的工作内容。想要提升事业单位财务管理工作质量，需要进行真实性、准确性、全面性和科学性的预算编制，确保事业单位经济核算和各项工作顺利运行。预算管理贯穿于管理工作，因此在预算管理工作当中，工作人员需要坚持预算编制、执行和评价性并重的工作原则，大力推行绩效编制方法，坚持做到每一层都能够层层把关，提高预算的准确性。

在预算实施过程中，需要根据事业单位预算编制项目资金的使用方向，认真分析事业单位财务收支差额。及时找出原因，分析原因，合理调控，控制审批核实手续。工作人员需要认真履行工作职责，把预算监督职能充分发挥出来，及时发现和纠正预算编制中存在的问题，帮助事业单位提升资金的管理和使用效益。需要制定出更加详细的预算收支项目，积极贯彻落实政府收支分类的改革措施，形成更加完善合理的评价体系，在工作中使用成本效益分析法和最低成本法等进行评价分析，进而获得准确的数据，为事业单位管理决策的制定提供参考。

(四) 规范固定资产管理工作

要针对事业单位内部的固定资产加强管理，制定完善的资产购置、资产使用、资产保管、资产配置、资产报废等不同环节的管理制度，只有具备更加规范化、科学化和制度化的管理，才能提升固定资产管理质量。在固定资产管理当中，需要坚持分级负责、钱物分离、责任到人的工作原则，设定专门的管理部门和专门的管理人员负责进行固定资产管理，并在其中增设固定资产的折旧及固定资产净值等管理项目内容。

在固定资产的管理过程中，需要针对固定资产进行合理的区分，并完善固定资产出入库手续，把资产管理及事业单位的会计管理有机结合在一起，定期针对固定资产进行盘点管理，出现账实不符的情况需要及时查明原因，并按照法律规定及事业单位的相关规定进行严肃处理。

(五) 内部控制、财政检查与外部审计相并重

事业单位要设立专门的财务管理机构，确定专职负责内部审计监督管理的人员，严格按照财务管理工作程序开展工作，明确工作人员的工作职能，强化工作责任，提升对于预算管理的执行力度，严格控制好事业单位的支出标准。事业单位还需要定期在内部开展财务检查工作，全面地审查核实事业单位当前的财务收支。将检查结果向事业单位的行政办公会及职工大会进行

通报，并提出相应的整改措施，帮助严肃财经纪律，在事业单位财政管理工作当中，实现内部控制、财政检查和外部审计的并重。

（六）落实会计集中核算制度

在事业单位财务管理中实行集中会计制度，即积极完善事业单位会计人员的管理制度和会计业务处理程序，充分发挥会计职能和会计监督职能，从事业单位源头上遏制腐败情况的出现，杜绝行政事业单位出现乱花钱、铺张浪费的情况，有效提升事业单位内部财政资金的使用效益。事业单位采用集中会计的方式，需要以资金控制为目标，重点加强本单位的财务收支监督。

会计中心可以在事业单位内设立，实现高效财务管理的目的，处理事业单位的所有账户和会计业务，集中到该会计核算中心当中，在会计核算中心进行统一的管理与核算，帮助降低核算、管理和监督成本，提升管理效率，为事业单位带来更大的经济效益。

（七）应用会计信息办公系统

当前我国市场经济不断创新发展，人们逐渐认识到了财务管理工作的重要性。但是如果事业单位没有实现办公自动化，那么在现代化管理工作当中就会遇到很多问题。因此事业单位需要结合现代化信息技术优势，应用先进的财务管理技术和管理设备，将计算机应用投入财务管理，定期更新财务软件，最大限度地发挥财务管理的作用。同时事业单位也需要针对财务人员进行培训教育，列支出必要的经费以供对财务人员进行培训教育，掌握更加先进化、信息化、专业化的财务管理技术，提高财务人员素质能力，加强事业单位财务管理质量。事业单位实现财务管理的信息化建设和改革，能够帮助提升综合实力，促进事业单位的创新发展。事业单位需要把信息化技术应用到财务管理各个工作流程中，不断开发和优化单位内部的财务软件，通过先进的数据库处理平台，获取更加准确和真实的财务信息，并配合做好网络安全管理工作，避免犯罪分子恶意攻击事业单位的制度，损害事业单位的利益。

第三章　财务共享与业财融合

第一节　财务共享

一、财务共享的相关概述

(一) 财务共享的概念

财务共享源于共享服务。共享服务的概念最早由布赖恩·伯杰伦在其著作《共享服务精要》中提出:“将部分现有的经营职能集中到一个新的半自主的业务单元的合作战略，这个业务单元就像在公开市场展开竞争的单位一样，设有专门的管理结构，目的是提高效率、创造价值、节约成本及提高对内部客户的服务质量。”该业务单元就叫共享服务中心，用英文书写为 SSC（Shared Services Center）。它把一个组织的非核心业务从原来的组织体系中分离出来，转交给一个服务部门统一运作，即将分散的成本中心转化为利润驱动并逐步扩大的专业化事业部，进而使组织扁平化或瘦身。共享服务模式的本质是对公司人力、资本、时间及其他资源的优化。共享服务的种类包括财务、人力资源、物流、IT 等。

关于财务共享，国际财务共享服务管理协会（International Financial Shared Service Association，IFSSA）给出相对权威的定义：财务共享就是以信息技术为依托，运用流程化的手段来处理财务和业务，其目的是优化组织内部结构、降低单位的运营成本、规范业务流程、提升流程效率，并从市场的内部和外部等不同角度给客户提供专业的生产服务管理模式。财务共享服务是将公司（或集团）范围内的共同的职能或功能集中起来，高质量、低成本地向各个业务单元或部门提供标准化的服务。

（二）财务共享的特点

财务共享服务通常具备如下特点：①将工作性质近似或相同的工作纳入财务共享服务范围，实现专业化的合并；②将原来提供性质近似或者相同工作的组织、岗位进行重建、合并，纳入新设立的财务共享服务中心，带来规模收益；③财会制度和标准的统一运作；④在实施过程和运作过程中以信息技术为支撑；⑤财务共享服务的对象在初始阶段都是内部员工和部门，随着总体职能向广阔和纵深发展，对外部使用客户提供的服务让其具备增值的效应和可能。

（三）财务共享服务的模式

财务共享服务的管理模式包含托管式服务和自愿式服务两种。其中托管式服务是一种最基本的共享管理模式，它着眼于规模经济，通过日常事务的合并和服务收费弥补成本，达到降低成本、规范流程的基本目的。自愿式服务又包含市场模式、高级市场模式和独立经营模式 3 种。市场模式进一步分离单位职能内部的基本运作与决策权，将控制职能与服务职能相互分离，通过服务收费弥补成本，目的是减少开支、提高服务质量。在这种模式下，共享服务的顾客（单位内部的其他组织）不再是被动的服务接受者，它可以根据自己的意愿做出是否接受这些服务的决定。也就是说，服务不再是托管式的，决策权由接受服务的客户全面掌握。高级市场模式是对市场模式的提升，其主要特点是客户选择服务和市场定价，且在有能力的情况下，可以对外提供共享服务。高级市场模式的目的是引入竞争，向客户提供、推荐最有效率的供应商，供客户进行决策选择。独立经营模式是财务共享的自愿式服务的终极模式。在这种模式下，财务共享服务中心已经开始作为一个独立的经营实体进行运作，它不仅向单位内部客户提供产品和服务，还服务于外部客户。该模式下的共享服务中心凭借其专业技能、技术及知识开始与第三方外部服务机构、主要的外部咨询机构等展开完全竞争，同时服务收费也完全呈现市场化态势。

从基本模式、市场模式、高级市场模式到独立经营模式，一个明显的变化是管理收益的提升。但是 4 种模式的选择并没有必然的优劣之分，每种模式都可能在不同的单位发挥最佳的作用。所以，单位应当结合自身特点和不同的战略选择不同的模式定位。

二、财务共享服务的实施运用

财务共享服务在单位的实施运用通常包括三个阶段：评估、设计、运行。单位应根据自身情况，把握工作节奏和工作重点，循序渐进，稳步推进。

(一) 评估阶段

首先，单位要确定目标和愿景，因为财务共享服务实施属于财务战略实施，而财务战略必须要服从于单位整体战略。单位在确定目标和愿景时，要重点考虑单位及所属行业的发展现状、所处阶段及发展趋势，确保财务变革符合单位整体战略要求。其次，单位需要收集数据进行行业实例分析比较。根据确定的目标和愿景，评估分析单位基础能力能不能满足项目实施的关键要素，并在此基础上进行投资收益分析，选择单位拟采用的具体模式，确定财务共享服务中心在单位内部的整体定位。分析评估的结果要及时向单位高层领导汇报，以获得认可和支持并形成单位决议。最后，单位正式组建项目工作团队，成立领导小组和工作小组。由财务、IT、人力等专业人员及财务共享服务管理咨询专家共同组成工作小组开展项目设计，实施具体工作。

(二) 设计阶段

这一阶段，项目团队需要确定设计的内容，明确核心和关键环节，确定设计参与人员，并形成具体进度计划。财务共享服务设计的核心和关键环节主要包括七方面：①根据单位对财务共享服务中心的整体定位、赋予的工作内容，设计中心内部组织架构，包括内部机构及岗位设置；②构建业务流程体系，完成内容梳理及优化；③信息系统技术框架设计及实施优化；④设计招聘和人员转移计划，包括从外部招聘新员工及内部人员转岗等；⑤制订人员培训计划，包括新员工培训及管理能力提升培训；⑥制定内部管理制度，包括工作制度、现场管理制度、绩效管理制度等；⑦办公场地选址及布局设计。有条件的单位，还可以对财务共享服务工作内容进行细分，对票据、扫描等非关键岗位实施外包。在设计阶段，沟通和协作非常重要，尤其是在人力和系统支撑这两项重点和难点领域的设计中，要积极发挥项目团队中专业管理人员的作用，保障财务管理、人力管理和信息化管理等单位管理关键领域的协调推进。

（三）运行阶段

这一阶段，为了保障实施效果，降低风险，单位可以选择先试点再推广的实施策略。首先，在内部分支机构中选择有代表性的2～3个开展试点，试点中要建立跟踪分析工作机制，及时沟通和解决试点问题，优化实施方案。在国内财务共享服务实践中，用户对新模式的接受和适应是财务共享服务实施中面临的最大挑战，单位需要加强沟通宣传，通过服务体系建设、流程优化等手段尽快引导财务共享服务中心建设项目平稳过渡。其次，单位试点成功后，开始进入推广阶段。为了保障上线实施效果，分支机构较多的单位可以采用分批推广的方式，给予财务共享服务中心一定的上线缓冲期。项目全面实施推广运行后，还需要在运行过程中持续跟踪分析和优化。需要关注的是，进入这一时期后，原项目团队工作已基本完成，工作主体应该由项目团队调整到财务共享服务中心的管理人员。最后，从工作对象上看，跟踪分析不能仅仅局限在财务共享服务中心内部，还要关注单位管理环境变化，新业务、新技术对财务共享服务模式及内容的影响，持续进行改进和优化。

三、信息技术与财务共享

（一）单位数字化转型

随着信息技术在单位财务上的运用，单位数字化转型的概念应运而生。数字化转型被定义为“由转换信息技术促成”的转型，这种转型涉及业务流程、操作程序和组织能力及进入新市场或退出当前市场的方式的根本性变化。

早期关于单位信息化转型的研究多集中于单位内的信息化项目，如单位资源规划、客户关系管理，研究如何促成组织变革。随着互联网、大数据和人工智能等数字化技术的不断发展和深化，我们看到关于数据化转型领域的研究越来越多。传统的单位转型需要在策略、结构和授权等方面进行改变，但是数字化转型通过信息化技术在组织结构、日常程序和财务信息流方面凸显影响，并且让组织愿意接受和适应信息化技术，最终实现单位的财务共享。

在数字化转型技术的帮助下，单位利用互联网、物联网和云计算等数字化技术，对创造客户价值的方式进行改造，在原有业务的基础上通过提升数字化水平拓展单位的业务，实现业务与财务的共享。数字化转型使得公司员工更加适应行业和单位内的新的数字化环境，提升单位内部的自动化和智能化运营，从而使得单位无论是面向客户或者运营的前端，还是实现管控的后端，都能在服务、运营和管理质量方面得到显著提升。

数字化转型技术的快速发展和业界的广泛推广应用，或多或少地对单位原有的商业模式产生了冲击。在单位产品服务的生产制造、上下游资源的整合、客户的拓展和运维，以及单位良好形象和品牌的建立等方面，都由于数字化转型技术的发展和应用，产生了颠覆性的变革。

在运营转型方面，过去的运营常常先固化再优化最后僵化，数据难以对外交换。在单位数字化转型时代，这种模式已经演变成数据驱动，由端到端，把过去的数据孤岛连成一片，变成一个数据湖。在产品与服务转型方面，过去的单位常显笨重，产品与服务很难适应单位发生的变化。而在单位数字化转型时代，这些变成了智能化、服务化和消费化。在商业模式转型方面，过去的单位倡导的是战略导向、IT 控制，信息化更多的是一种控制手段，保证战略、业务朝着计划的方向走。但是，在单位数字化转型时代，我们应强调自下而上、数据驱动。在管理转型方面，传统模式很大程度上束缚了单位的成长，在单位数字化转型时代，直达客户、协同共生的管理模式才能实现双赢。

(二) 财务云

财务云是将财务共享服务与云计算、大数据、移动互联网等技术相融合的财务管理模式，在有网络的情况下，可随时随地接入系统，实现实时协作。财务云的结构体系更加简单，影像管理、报账中心、集中核算支付等数据处理中心和数据库服务器、邮件服务器等应用服务器都安装在云端，经过安全认证，可以通过网络连接和移动互联设备访问云数据中心，实现随时随地接入，从而保证数据处理更加高效快捷。

财务云实现了单位财务资源共享，减少了软硬件系统及财务人员在分(子)公司的重复设置，降低了单位总体运营成本。财务云软硬件系统均可选择服务外包，由云计算服务供应商提供，供应商保障系统安全、解决系统故障、升级系统软件，单位无须投入人力、财力等对基础设施等进行管控。云计算支持多终端接入模式，用户借助移动互联网、各种客户端(如手机等)，便可随时随地接入系统处理工作事务，财务云的快捷性和会计业务的标准化使财务工作效率进一步得到提升。在分散式的财务管理模式下，会计人员需耗费大量的精力处理记账、算账等日常事务，忽视了人员在单位规划、决策、控制和评价等方面发挥的功能。财务云则对单位会计人员进行了一个更细的专业化分工，将会计核算工作从单位财务部门中相剥离，使从事会计基础业务的会计人员转型发挥管理会计职能，注重单位的价值管理和创造，从而推动单位管理会计工作的有效开展。

第二节　业财融合

一、业财融合的概述

(一) 业财融合的概念

业财融合是一种内部协同管理方式，通过业务部门与财务部门有效协作，资源与信息融会贯通，确保单位经营管理决策信息全面准确，有效支撑经营决策的合理性。在单位资源有限的前提下，财务人员在掌握财务目标的同时了解单位的运营状况，帮助单位实现了有效的资源配置。业财融合是财务向业务环节纵深延伸的一种方式，将财务管理的理念渗透到业务管理的过程中，业务管理不再仅关注业务指标的变化，更应该结合财务指标关注业务的收益问题。

(二) 业财融合的特点

1. 协同性

业财融合强调在信息共享的基础上业务与财务部门进行更加深层次的进行交互与融合。想要达到这一目的，两个部门就必须直面双方在交流和工作中存在的各种障碍，多进行沟通和反馈，统一业务与财务的口径，使得双方均意识到并认可对方的工作内容和意义，相互配合达成共识。

2. 全局性

要想让业财融合在单位中真正发挥应有的作用，就必须要认识到其在单位中所涉及范围的广泛性，以及其对整个单位经营与发展的重要作用。业财融合实际上意味着整个单位在信息化时代下的主动适应和转型，需要单位从顶层设计到具体财务业务体系及信息化平台等多维度推动，推动单位管理机制不断完善，进一步获取单位管理层的大力支持和员工的广泛认同，并在整个单位中得到推动与执行。

3. 过程性

推动业财融合对整个单位有着广泛和深远的影响，同时会给单位运营管理模式带来巨大的改变，如战略的规划实施、人员的分工、信息系统的建设及大数据的管理等。在这一转型过程中，会面临来自文化层面、技术层面、固有的流程层面等各个层面的阻碍，因此在实施的过程中必须全面综合地考虑单位的整体情况，有节奏地稳步推进。

4. 开放性

业财融合的模式、业财融合所用到的工具与方法都是随着信息技术的发展及单位运营模式的变化而不断更新变化的，是一个动态融合的过程。业财融合的深度也会随着信息技术的不断进步和财务管理的转型升级而不断加深。

(三) 业财融合的必要性

业财融合是大数据时代的发展趋势，大数据时代的到来，促使单位对财务支持的需求与日俱增，财务部门服务的对象不再仅仅局限于外部客户，还包括单位主价值链上的各个业务单元及单位的各级管理者。财务部门需要提供的，不再仅仅是会计报表，而是从各个维度分析单位经营业绩的管理报告。在社会、技术等综合因素的推动下，财务变革势在必行。单位财务管理工作与业务管理工作进行有效的融合对于单位发展而言具有十分重要的意义，不仅对于单位内部的各类别业务活动有着极大的支撑，而且有利于从战略层面提升单位的核心竞争力。

业财融合是提升财务管理水平的基础。单位要建立、完善现代制度，从粗放型管理向精细化管理转变，通过流程再造激发内部管理活力，增强单位价值创造力，就需要财务人员深入了解业务内容，做到财务预测精准、财务分析有理有据。

业财融合是强化风险意识和防范的需要。单位内部风险意识和风险管理不断强化，内部控制应用的领域不断扩大，风险管理从注重业务事项的事后监督向事前、事中过渡。财务工作延伸至业务的全过程，有助于帮助业务部门更好地评估内部控制缺陷和潜在的风险点，提出建设性的改进意见。

业财融合是提升核心业务竞争力、提高单位经济效益的需要，业务财务就要通过对生产经营各个环节的价值分析与管理控制来实现单位价值最大化。

二、业财融合的实施路径

(一) 进行流程再造

原有的会计流程不适应现代的商业模式和业务的拓展，是因为在传统分工理论缺陷下会计流程的弊端越来越显著。因此，业财融合的主要任务就是流程再造，即单位利用信息技术对已经不适应自身发展的会计流程进行再造。实现基础业务信息的自动集中与共享，并且进行及时准确的输出和控制，满足单位内外部不同信息使用者的需求，这便是会计流程再造最主要的目标。

业财融合所涵盖的会计流程再造并不仅仅是实现整个单位内部的业务流和会计流信息的共享，更为重要的是，对原有的会计流程进行重新梳理与分析，剔除其中零增值，甚至负增值效果的业务环节，也不仅要关注单位内部，而且要逐渐把眼光延伸到外部价值链条上，这样形成的共享信息才能满足各方面信息使用者的需求。然而从大多数单位的实践情况来看，单位所建立的信息系统在数据的集中、存储与加工等方面仅仅存在于单位内部，而消费者、供应方及市场中竞争者的相关信息并不是信息采集的重点，甚至在一些单位是不涉及的，这种没有涵盖价值链体系全部环节的信息系统会对单位中高层管理者进行决策造成十分不利的影响。

(二) 搭建数据库

在当前的大数据时代背景下，单位进行业财融合必须学会利用数据，通过数据实现更高效的沟通。财务数据是财务人员对单位当前财务状况和经营成果的数据描述，财务人员应该充分挖掘财务数据的内涵，充分利用财务数据。从实现业财融合的角度来看，不论是对流程进行再造还是推动信息技术在单位中的应用，其目的是进一步构建完整丰富的数据仓库，并通过处理分析这些数据将其转化为对单位管理决策有用的信息，提供给决策相关者。单位数据库中的数据信息涵盖了财务与非财务、确定与不确定及内外部等多个维度。这些信息在业务前端进行处理时一定要符合标准化的代码和规则，不然就不可能准确有序，也不可能通过后续的提取与分析来支持管理者做出合理正确的决策。

(三) 推广信息技术应用

要实现业财融合就离不开信息技术的支持，信息技术在整个过程中的应用是促成和完善这一流程的重要基础。这主要是因为信息技术单位面临的“信息孤岛”这一难题在很大程度上得以解决，促成业务信息与财务信息的集成与共享。信息的集成帮助单位更好地控制了业务，做到实时监督，也有利于数据和信息的交融与共享以及后续对业务的持续反馈。

以上信息技术主要包含两个方面的应用，一是单位内部 ERP（企业资源计划）系统的有效运用，二是可扩展商业报告语言（Extensible Business Reporting Language，XBRL）技术的实施应用。单位实施 ERP 系统以后最为明显的优势便在于采用标准化、规范化的代码实现了信息的有效集成，使得财务板块与采购、生产、物流等板块联系在一起，业务部门遵循既定的标准和要求采集信息，并且输出的信息直接被财务部门使用，这使得财务部门的工作量被大幅削减。

三、信息技术与业财融合

（一）ERP 系统下的业财融合

系统 ERP 是指建立在信息技术基础上，以系统化的管理思想，为单位决策层及员工提供决策运行手段的管理平台。作为信息技术与管理思想的融合体，ERP 系统也是先进的管理思想借助信息技术工具实现单位的管理目标。

业务系统和财务系统如何融合是推进业财融合的关键，开发 ERP 系统，实现了二者无缝衔接。ERP 系统将单位原有的分散的系统模块联系在一起，打破了部门的信息壁垒，财务信息、业务信息得以交流，促进财务部门树立为业务部门提供更具指导性的业务方案的意识。同时，ERP 系统使得业务部门打破原有的预算由财务部门全权负责的固有意识，善于利用业务信息指导财务部门编制预算，使得公司的预算数据与实际数据的差距大大缩小。

ERP 系统基本涵盖了项目管理系统、资产管理系统、采购管理系统、预算管理系统、人力资源管理系统、资金管理系统、财务报账系统。ERP 系统建立后，在业务活动发生的同时，发生业务的部门即将数据录入系统，财务人员只需要负责审核各业务部门录入的单证，会计凭证就能自动生成，从而实现对公司业务数据和财务数据的同步管理，解决了业务单证的流转不能及时传递到财务人员手中而产生的不同步问题，确保财务人员及时、准确地计入财务数据。业财融合的出发点是以单位业务战略为导向，最终目的是实现绩效目标。

（二）XBRL 技术下的业财融合

XBRL 技术对各项财务数据做出特定标记，计算机通过识别特定标记明确信息数据之间的关系，更加充分地理解报告内容，进而做出契合业务的智能化处理，其是目前应用于非结构化信息处理尤其是财务信息处理的最新技术。XBRL 技术运用财务报表与经济业务之间的勾稽关系标记财务数据，一方面可以提高报告语言的拓展性，另一方面实现财务系统与单位内部管理系统的数据交换，较好地实现业财融合。

首先，XBRL 技术通过将数据结构颗粒化，将非结构化数据转变为结构化数据，将难以量化的信息准确地用数据表示出来，实现业务信息和财务信息的有效转换。其次，基于行业标准建立专属的 XBRL 技术标准，为数据分析提供基础。最后，基于业务数据，充分利用联机分析处理工具和数据挖掘等技术，将单位中预算、经营数据进行整合，从而实现数据资源的高效利用。XBRL 技术的运用解决了业务与财务数据标准不一、难以转化的问题，突破了传统数据仓库结构化分析数据模式，充分运用大数据技术手段，为单位数据深度挖掘作出了突出的贡献，也为财务信息系统自动化处理提供了可能。

四、财务共享服务模式下的业财融合

共享是业务与财务在业务活动过程中全面的融合与合作。一方面，财务将相关的预算信息、项目信息、合同信息、财务制度、管理标准、执行预警设置植入业务的事前申请、执行环节，业务人员在正确、合规的框架内执行业务，及时地得到财务信息的支持与提醒。原来的审批审核验证节点被流程自动控制所代替，大大提高了活动效率和质量。另一方面，业务活动过程产生的信息被同步动态记录，就解决了业务信息的及时性和相关性的问题。财务在业务发生的同一时间获取关键的控制信息，既能对异常信息进行分析、预警、干预和调整，又能对业务执行结果进行迅速评价。

（一）财务共享与业财融合的关系

1. 业财融合是决定财务共享成功的关键因素

单位建立财务共享服务中心是一个复杂且庞大的工程，是对单位财务组织架构进行的一次彻底变革，改变的不仅是单位的财务，还是对单位全部业务的一次梳理改造。财务信息质量的提升，是通过财务共享服务中心对单位财务数据、经营数据的整合来实现的，财务共享服务中心的运营成就了单位的大数据。财务共享服务中心能否发挥最大的职能作用，很大程度上取决于流程梳理是否明晰、业财融合是否高效。单位业财融合的过程，使得公司由财务部门牵头，协同各部门、各分（子）公司对所有业务流程进行系统梳理，从本质上反思流程，去粗取精，去繁就简，并将单位的各项规章制度都内嵌到财务共享服务中心的运营流程中，使单位在进行业务、财务处理时做到“管理制度化、制度流程化、流程标准化、标准信息化”，充分发挥财务共享服务中心的职能作用。

2. 财务共享是推动业财融合的重要途径

实现业财融合的重点是让财务人员渗透到业务中，与经营者同一目标，成为业务合作伙伴；将财务组织、管理政策、流程优化更加紧密地与业务融合，在业务运营过程中支持业绩目标达成、挖掘业务增长潜力。共享服务中心的成功建设，使得单位对所有业务、财务流程进行集中、统一的处理，通过现代化的信息系统将业务流与财务流有效地连接在一起，实现财务人员在账务处理时自动深入业务前端进行管理。同时，通过标准化、规范化的处理，严格规范单位业务的发生，深入贯彻落实单位的管理政策。另外，通过服务共享中心，单位业务数据将全部被推送到财务手中，通过系统化的整理、分析，有效为业务提供决策支持，真正地实现业财融合。

3. 二者相辅相成，助力实现单位的财务转型升级

单位实施财务共享的目标之一是推动业财融合，从而实现对经营管理的决策支持，使财务成为单位价值的发现者、推动者和创造者，最终帮助单位提升核心竞争力，助力单位战略的实现；同时，业财融合的不断深入又将促使财务共享服务中心优化升级，助力单位财务管理的全面深化改革。因此，二者相互作用、相辅相成，共同推动单位财务的转型升级和长远发展。

(二) 财务共享模式下业财融合的必要性

财务共享模式是适应财务信息化发展、满足现代单位制度的必然产物，其通过集约化的管理将单位的财务、业务等相关工作进行整合，以此提高单位财务工作的效益。财务共享模式的实施促使单位财务工作与业务工作转型，因此在财务共享模式下实施业财融合很有必要：一是业财融合推动单位战略协同。业财融合从战略上强化了员工与单位战略的协同，有效地增强了员工的单位战略意识，激发单位员工参与单位战略的积极性。例如，通过业财融合将单位的财务活动与单位战略相结合，这样单位员工在实现单位战略的同时可以获取个人经济利益，有效地降低了单位运行成本费用。二是有效

地提升了单位经济效率。单位财务管理的目的就是提升经济效益，而经济效益的提升必须深入生产的各个环节、控制各个生产环节的成本，因此财务管理工作必须与生产环节相结合，通过业财融合实现资源的优化配置。三是防范单位风险。业财融合的最大优势就是提升单位风险防范能力，从源头上对单位的财务活动进行风险控制。随着单位规模的不断扩大，单位生产、销售等环节所面临的风险也越来越突出，而业财融合则将单位的财务风险管理融入单位生产销售的全过程，通过重点关注资金流动等实现对单位风险的监督与防范。

第四章　内部控制原理

第一节　内部控制的产生与发展

一、内部控制的产生

内部控制是为内部强化管理以及适应外部激烈竞争的需要而产生和发展的。内部控制的最初源头是内部牵制。18世纪工业革命之后，现代内部控制理念诞生。18世纪末，美国铁路公司率先对遍及各方的客货运输业务采用内部稽核制度，由于效果显著，被各大单位纷纷仿效。20世纪初期，由于股份制公司的规模不断扩大，产权和经营权日益分离，为了查错纠弊的需要，西方国家开始出现了一些组织、调节、制约和监督生产经营的方式，从而出现了简单的内部控制制度。

20世纪30年代，全球金融危机使很多公司都开始强化对公司的生产和运营的控制，公司的内部约束机制也随之发展，其影响的范围已经超出了会计和财务范畴，而且涉及各个行业和商业活动。在内部控制内容日益丰富的同时，人们对内部控制的认识也得到了极大提高：内部控制是由于组织本身及其管理部门的需要而存在的，是一切管理工作的基础。内部控制帮助管理部门尽可能地实现业务活动有条不紊地进行，保证组织目标得到合理实现；内部控制对于单位同样需要，且伴随单位规模的扩大、工作的复杂而越来越有必要开展。

内部控制实践的完善促进了内部控制理论的发展。1929年，美国会计师公会和美联储修改发行了《财务会计报表的验证》，这是最早涉及内部控制的专业文献。最早定义内部控制概念的则是1936年发布的《独立公共会计师对会计报表的审查》，该文献认为，内部控制是“为了保护公司现金和其他资产的安全，检查账簿记录准确性而在公司内部采用的各种手段和方法”。美国审计程序委员会于1963年发表的《审计程序第23号文件》中进一步将内部控制划分为会计控制与内部管理控制。

近代内部控制不仅在美国得到了迅速发展，而且被其他一些发达国家重视并迅速推广应用。英国注册会计师协会在1961年提出了完整的内部控制概念。加拿大、澳大利亚的一些学者对内部控制理论问题也进行了深入探讨。日本单位界则认为，随着单位破产逐渐成为社会问题，对单位内部管理方面的审查也应当严格起来，即使单位在经营效果上达到了考核标准，但从内部管理角度来看，需要彻底加以评价的方面还有很多，应当把加强内部控制作为改善单位素质的重要措施来看待。

我国在周朝曾出现“一毫财赋之出入，数人耳目之通焉”的记载。1990年后，我国开始在理论上广泛研究内部控制。同时，我国政府也加大了内部控制建设的推动力度。

由上可知，单位内部控制制度是指社会生产力发展到一定程度后所形成的一种制度。随着社会生产力的发展、单位规模的不断扩大，单位的生产管理工作需要进行科学的规划和组织，使人力、财力、物力的合理分配与使用。另外，要强化对生产经营的控制与调控，明确其职能与职权，以保证公司的正常运作。因此，单位必须制定有效的控制方法、措施和程序，以确保这些控制目标的实现。

二、内部控制的发展

内部控制是一个动态的发展过程，这一发展过程有多种归纳方法。有的将其分为萌芽期、发展期及成熟期三个阶段，有的将其分为内部牵制、内部控制制度、内部控制结构及内部控制整体框架四个阶段还有的将其分为内部牵制、内部会计控制与内部管理控制、内部控制结构、内部控制整体框架及风险管理整合框架五个阶段。这里采用五个阶段分类法。[①]

(一) 内部牵制阶段

早在古罗马时期，就已经有了内控制度。当时是实行的“双人记账”制度，即当某一笔经济业务发生后，两名记账人员在账簿上同时登记，并定期相互核对对方的账目记录，目的是检查账目是否有错误和舞弊等行为，从而

① 王国生．企业内部控制 [M]. 北京：首都经济贸易大学出版社，2022：3-12.

实现对财产的控制。内部牵制的内容主要包括以下几个方面。

1. 体制牵制

体制牵制指通过组织规划与结构设计，把各项业务活动按照其作业环节划分后，交由不同的部门或人员，实行分工负责，相互制约，比如，将会计与出纳人员相互分离进行制约等。

2. 簿记牵制

簿记牵制指在账簿组织方面，利用复式记账原理和账簿之间的钩稽关系，做到互相制约，比如原始凭证与记账凭证之间的核对等。

3. 实物牵制

实物牵制指由两个或两个以上人员共同掌管必要的实物工具，共同操作才能完成一定程序，比如同时由两名人员共同掌管保险柜钥匙等。

4. 机械牵制

机械牵制指利用既定的标准或业务处理程序对各个部门、岗位或人员进行控制。比如，对会计凭证处理程序和处理路线做出规定，将单、证、账、表记录系统连接起来，使其对单位各项经济业务活动的全部过程做出及时、完整及准确的反映，同时，把各个职能部门连成一个相互制约、相互监督的有机整体，从而相互牵制。

这些内部制约的观点、设想是有道理的，而且内部制约制度的确能有效地降低差错和舞弊，因而在现代的内部会计控制理论中，它依然占据着重要的位置，并成为单位内部控制与职位分离的基础。

（二）内部会计控制与内部管理控制阶段

1949 年，美国审计程序委员会下属的内部控制专门委员会对内部控制进行了研究，并将其定义为：内部控制是单位所制定的旨在保护资产、保证会计资料可靠性和准确性、提高经营效率、推动管理部门所制定的各项政策得以贯彻执行的组织计划和相互配套的各种方法及措施。

针对这一定义，当时，人们广泛地认识到，它对关键的内部控制理念作出了巨大的贡献。但是这份报告中对内部控制的定义非常广泛，尤其是加重了审计人员的职责。对此，该委员会又将内部控制划分为会计控制和管理控制两大类。

前者包括组织规划，并包括涉及资产保护和财务数据可靠的过程和记录；后者包括但不局限于组织计划，以及与管理部门授权办理经济业务的决策过程有关的程序及其记录。这种划分方式被称作内部控制的“制度二分法”。

（三）内部控制结构阶段

美国会计师事务所的文献对会计控制概念进行了定义，而单位管理者则将其应用于实际操作之中。

单位的内部控制体系主要包括以下结构：

1. 控制环境

控制环境是指在建立、加强或削弱某一特定的政策和流程效能发生影响的各种因素。其具体内容有：①管理者的思想、工作风格；②单位的组织架构；③董事会，尤其是审计委员会的职责；④确定权力和职责的方式方法；⑤管理人员在监督和检查工作中使用的各种控制手段，包括经营计划、预算、预测、利润计划、责任会计，以及内部审核等；⑥人事工作方针及其实施、影响单位经营的各种外部联系。

2. 会计制度

会计制度对各种业务的鉴定、分析、归类、登记、编制等进行了详细的规定，并对各种资产、负债的经营管理责任进行了明确。健全的会计制度应该为实现上述目的作出贡献：识别和注册所有合法的经济活动；对各种经济活动进行归类，作为编制财务报表的依据；对各项经济业务进行归类，以此作为编制财务报表的依据；确定经济业务的发生时间，以便按照会计期间进行记录；在财务报表中合理地表述经济业务，并对相关内容给予揭示。

3. 控制流程

控制流程是指由管理部门制定并确保实现某一目标所采用的方针和程序。其具体内容有：经济业务和经济活动的批准权限；明确各人员的职责分工，防止对正常业务错弊隐藏行为的发生等。

内部控制结构的这一含义，将内部控制环境纳入内部控制的范畴，且不再区分管理控制和分会计控制。这一变化体现了20世纪70年代末以来内部控制实践与理论研究的新趋势。

第二节 内部控制的相关概念

一、内部控制的概念

内部控制是一种逐渐发展起来的观念。美国审计署下属的内部控制专业委员会于1949年第一次提出了内部控制的概念，该委员会发表的《内部控制、协调系统诸要素及其对管理部门和注册会计师的重要性》对内部控制这样定义，内部控制是单位为保护资产，检查会计数据的正确性和可靠性，提高经营效益，促进贯彻执行既定的管理政策，而在内部所采取的组织规划和一系列相互协调的方法和措施。1988年，美国注册会计师协会（American Institute of Certified Public Accountants，AICPA）的《审计准则公告第55号》以“内部控制结构”代替“内部控制”，并提出内部控制三要素，即控制环境、会计制度和控制流程。1992年，COSO在其发布的报告中又提出“内部控制成分”的概念，并将该概念分为控制环境、风险评估、控制活动、信息与沟通、监控五种要素。

事实上，内部控制制度的不同使用者，如经营管理部门、内外部审计人员和立法人员等，对内部控制具有不同的观点、期望和目标，上述内部控制的一些定义基本上是基于审计立场。从单位管理角度看，内部控制应着眼于如何完善单位治理结构、改善单位管理混乱局面等。

所谓内部控制，是指单位通过董事会、监事会、经理层和所有职工共同努力达到控制目的而采取的一系列相互制约和协调的方法、措施与程序。目的是在实现控制目标的过程中，确保生产、经营各项活动高效率运行，从而达到保护财产物资安全完整的目标。

理解内部控制概念应注意以下几点。①

（一）内部控制主体

内部控制主体指内部控制制度的设计与执行单位。从宏观上讲，国家统一的内部控制制度应由国家有关主管部门会同相关部门联合设计。在此前提下，各单位应当根据统一的内部控制制度，设置具体的内部控制制度并加以

① 王天，贯海俊，李林．内部控制与内部审计 [M]. 北京：中国商务出版社，2023：4-13.

执行。虽然最早是由审计部门提出的内部控制的概念，但单位内部控制的真正主体是单位高层及相关管理部门而不是审计部门，因为内部控制制度实质上是一种内部管理制度，是由管理部门主导实施的。审计人员设计内部控制制度仅仅是为了避免职业风险。

当然，由于内部控制涉及单位方方面面的内容。因此，内部控制制度的设立与实施还需要会计、内部审计、人力资源等相关部门与人员的广泛参与。

(二) 内部控制客体

内部控制客体指内部控制作用的对象。内部控制是单位管理的范畴，其控制对象毫无疑问是单位内部。现代单位管理的一个重要特征就是要对各种经营管理活动进行全面控制，从而确保其运作的正当、合理和合法。所以，从整体上看，内部控制作用应当以人、物和信息为主要内容的各种经营管理活动为目标。内部控制是单位经营管理过程的一个组成部分，是遍布经营管理过程的一连串行动，而不是针对某个事件或某种状况的单一活动。单位的内部控制和单位的运作过程是相互交错的，都是为了单位经营管理活动而存在。

(三) 内部控制目标

内部控制目标是单位管理层通过控制所要达到的目的，是内部控制的潜在作用的表现。现代单位的内部控制目标是单位控制权结构的具体体现，它涉及单位的方方面面。我国财政部和其他部委共同发布的企业内部控制基本规范中，明确指出：内部控制的目标是合理保证企业经营管理合法合规、资产安全、财务报告及相关信息真实完整，提高经营效率和效果，促进企业实现发展战略。

从内部控制的概念可以看出，单位实施内部控制主要是为了达到这样一些目标。一是合理保证单位经营管理合法合规。这是单位内部为适应外部法规的强制性而提出的目标，也是单位有效经营的基础，只有遵规守纪，单位创造的财富才是合法的。二是保证单位资产的安全完整。这是内部控制的主要目标之一。三是确保单位的财务报表和有关资料是真实、完整的。这是内部控制最初的，也是最重要的目标。当然，为了达到单位的经营目的，内部控制还必须考虑到其他业务和管理活动中信息的精确度和可靠性。四是提高经营效率和效果。这是单位的高级经营目标，在单位目标体系中占有支配地位，只有实现资本保值增值、维护股东利益单位才能更好地实现终极目标。五是推动单位的发展策略。这是单位的最高目的，也是最终目标。单位战略是与单位目标相互联系并彼此促进的，并为其实施提供支撑，是管理者在面对环境时做出的应对和抉择，以实现单位价值最大化这一根本目标。

从上述内部控制目标的内容来看，COSO 报告提到的内部控制目标定位为：财会报告的可靠性、经营的效率效果以及法律法规的遵循性。我国的《企业内部控制基本规范》增加了资产安全和促进单位实现发展战略。资产安全对于董事会而言，是法人财产权得以实现的基本保障。在我国特有的股权结构下，资产安全目标突出了对国有资产保值增值的考虑。同时将战略目标作为单位终极目标，一方面鼓励单位将内部控制建设推向更高的水平；另一方面，由于战略的制定源于股东会，对战略目标的把握体现了对投资者利益的重视。

另外，《企业内部控制基本规范》中的战略目标不同于风险管理整合框架中的战略目标。在风险管理整合框架中，风险管理不仅应用于战略的制定，还服务于战略。而《企业内部控制基本规范》中的战略目标具体指内部控制应用在经营层面，促进战略的实现。

（四）内部控制手段

内部控制手段是指为实现内部控制目标而采取的各种具有控制功能的方法、程序和措施。在公司内部，任何基于责任划分而制定的控制方式，即约束与协调经济活动的各种方式与措施，都属于内部控制。例如，在单位中经常使用的部门和岗位责任制、钱账物分管理及各种计划、业务流程和各种审核、审批规定等，都属于公司的内部控制手段。基于责任划分的控制手段是单位内部控制的一个很明显的特色，也是单位内部控制区分于其他控制的一个重要标识。

（五）内部控制重点

内部控制重点是指需要进行重点监控的内部控制内容。在控制对象上，由于单位各个方面的经营活动最终都要以财务核算为基础，因此，必须重视对财务等相关方面的控制。内部控制要从会计方面着手，逐步扩展到其他的经营活动。在控制方法上，内部控制应着重于组织结构、职责划分、岗位职责划分、业务流程规范化、审计控制等的设计。从其本质上来说，可以将其划分为合法性控制和合理性控制。对于资产流失、信息失真等问题，我国单位的内部控制要侧重于用合法的方式进行控制，同时要以会计的合法性控制为主。当然，在法律制度的健全下，合法性控制将会逐渐地降到次要地位，并逐步过渡到合理性控制。从人员层面上来说，单位的内部控制应该着重于对单位高管人员的行为进行控制。在现实生活中，雇员或基层甚至是中层管理人员造成的损失要远远小于高管所带来的损害。在具体的经营活动中，内部控制要着重强调各种业务基本的控制环节、程序和相关岗位的基本职能和权限，同时要建立基本的内部控制规范。

（六）内部控制特性

内部控制是为实现某个或某类目标进而采取相关措施的一个动态过程，它是促使公司的运营和管理活动按照既定的目标运行的过程。这只是一种方法，而不是目的。内部控制并非一项规章规定或一种机械式的规则，它需要根据时间推移和其他各种环境因素变化不断地修改和完善，以保证控制活动的有效性。内部控制是一个不断“发现问题→解决问题→再发现问题→再解决问题”的循环过程。所以，内部控制就是对所有人、全流程进行的全面控制。

二、内部控制的作用

阿诺德·汤因比，英国著名的历史学家，曾这样论述：一个国家乃至一个民族，其衰亡是从内部开始的，外部力量不过是其衰亡前的最后一击。

单位的生存，也是一样的。单位经营失败、会计信息失真、不依法经营，最主要、最深层次的原因是单位内部控制的缺失或失效。内部控制的重要作用突出表现在以下几个方面：①确保国家的方针、政策与法规制度得以贯彻落实。②确保公司的经营目标得以顺利实施并圆满实现。③确保财务会计各类信息的质量。④确保财产物资的安全性和完整性。⑤为审计工作的顺利开展提供便利。对内部控制制度进行评估，可以帮助审计工作人员确定合理的审计程序，从而提高审计工作的效率；它可以帮助审计工作人员确定审计程序的实施程度，也就是确定审计的审查方法、抽查重点和审计范围等。与此同时，完善的内部控制制度也是审计检验工作质量的保障。在审计测试过程中，都存在着一定的抽样误差，不管是合规性测试，还是实质性测试。若被审计机构的内部控制制度完善健全，抽取的样本具有较好的代表性，那么，就会大大降低审计风险；相反，那么样本测试得到的审计结果就可能存在很大的风险。

三、内部控制的客体

内部控制的客体也就是内部控制措施所作用的对象，单位只有较好地对受控的客体进行全过程的控制，才能实现内部控制目标。一般认为内部控制的客体主要是人、资产、信息及其在经营过程中所形成的一系列组合关系与形式。

内部控制的对象范围很广，包括公司经营牵涉的所有人员、资产和经营活动的各个环节。因此，任何与其目的相违背的风险点均可视为其内部控制的对象。在单位的经营管理中，内部控制的客体主要包括以下三个方面。

(一) 单位员工及组织行为

人是单位价值的创造者，人员控制是其他控制的基础，而员工的素质与能力等则是影响其他控制效果的重要因素。人员控制主要是通过对员工的遴选、聘任、培训、职位设计、权力分配、绩效评估等方式方法，实现公司内部控制目标。组织行为指的是组织的个人、团体或组织自身在组织的视角下对内外环境而做出的反应。组织行为控制是指对各个部门之间及各部门成员之间的工作进行统筹、协调和考核评价，以达到公司的目的过程。组织行为控制是单位内部控制的关键、核心，它直接关系到单位的运作效率和效益。对于组织行为的控制可采用制衡机制、监督机制等。

(二) 单位资产

单位资产是指单位在过去的业务活动或其他事项中所产生的、属于公司的或控制的、预计能为单位带来经济收益的资源。在经营活动中，资产是单位获利的最重要的本钱，主要包括资金及流动资产、固定资产、有形资产、无形资产、不动产等。资产的安全直接影响单位的竞争力，通过控制中的恰当授权、明确岗位责任，可以有效地保证资产的安全和完整，提高资产的使用效果和效率。

（三）单位内外部信息

现代单位的发展与信息的沟通和交流有着十分重要的关系，信息是单位生存发展及利益取得的重要条件。单位在经营管理中应当收集内外部信息，进行归纳、整理、分析，为单位决策层提供参考依据。

四、内部控制的要素

从内部控制发展史可以看出，内部控制发展历程其实也是一个不断充实与完善的过程。我国财政部等部门联合发布的《企业内部控制基本规范》提出，企业建立与实施有效的内部控制，应当包括内部环境、风险评估、控制活动、信息与沟通、内部监督五大要素。

（一）内部环境

内部环境是单位内部控制的基本要素，主要包括单位治理结构、机构设置和权责分配、人力资源政策、内部审计和单位文化等内容。具体来说，包括以下六个方面：①单位的治理结构。比如董事会、监事会和管理层之间的权力分工与制约，以及审计委员会职能作用的发挥。②单位内部机构设置和权责分配。在这个方面，虽然没有一个统一的组织形式，但是在单位的内部机构设置和权力分配上，应该是为了提高管理的效率、确保信息的畅通和流通。③单位的人力资源政策。比如，重点工作人员强制休假、定期轮岗制度，以及对掌握国家机密、重大商业机密人员离岗的限制性规定等制度。④单位的内审审计。主要内容包括内部审计机构的设置、人员配置、工作开展以及内部审计的独立性保障。⑤单位文化。主要内容有：单位的总体风险意识、风险管理理念，董事会和经理层的诚信与道德价值观念，单位全体职工的法律意识。总体来说，公司董事会和部门主管在营造一个良好的单位文化氛围方面扮演着重要的角色。⑥设立反舞弊防线。在单位的经营中，要处理好不断变化的业务环境和各种不稳定因素，就显得尤为重要。不同的行业，不同的规模，不同的地域，不同的市场，不同的经营模式，不同的发展阶段，面临的风险也各不相同。因此，舞弊有可能在任何单位发生，给任何单位带来损失。除了高层管理理念、内部过程控制、内部审计、外部审计等监督机制，反舞弊防线的设立，也为单位健康安全的运行筑起了一道强化震慑力的防线，更是我国社会经济发展新常态下的必要手段。

（二）风险评估

风险评估是单位在经营活动中及时识别和系统分析与完成内部控制目标有关的各种风险，并科学制定应对措施的重要方法。风险评估包括目标设定、风险识别、风险分析和风险应对等四个步骤。首先，单位要确定与生产、销售、财务有关的经营目标。其次，通过对单位内部和外部的风险进行分析。再次，建立起有效的风险管理体系。单位在全面识别了各类潜在的风险因素之后，应先对固有风险进行分析和评估，固有风险是指不采取任何预防措施就会导致损失的风险。然后，着重于对剩余风险进行分析评估，剩余风险是在采取相应行动后仍然会导致损失的风险。最后，在对相关风险进行成本效益分析的基础上，单位管理层应该采取相应的策略，制定适当的措施，以减少风险发生的概率，或者将其控制在可接受的范围之内。

（三）控制活动

控制活动是指单位根据风险评估结果，对其采取一定的控制措施，使风险处于可接受的范围之内。在单位经营管理中，控制活动主要通过具体业务流程来控制经济业务事项的风险，将不相容职务分离控制、授权审批控制等通过业务流程，嵌入生产经营活动中，使内部控制与单位经营管理相融合。单位常用的关键业务控制流程主要有全面预算管理控制、货币资金业务控制、采购业务控制、存货业务控制、销售业务控制、工程项目控制、固定资产控制、合同管理控制、信息系统管理控制等。

(四) 信息与沟通

信息与沟通是实施内部控制的重要条件，指的是单位及时准确地收集、传递与内部控制有关的信息，从而保证单位内部与外部相互之间的有效交流与沟通。信息与沟通的主要内容为：确认、计量、记录有效的经济活动；适当披露财务状况、经营成果及现金流；确保公司管理层与公司内部、外部的良好沟通，包含与股东、注册会计师、监管部门、债权人和供应商之间的交流沟通。信息与沟通的传播途径是多种多样的，但是不管采用何种途径方式，信息的及时性、真实性和有效性都必须得到保障。

(五) 内部监督

内部监督是指对内控制度的建立和执行情况进行监督和评估，并针对存在的问题和不足及时进行整改，它是实现内部控制的关键和保证。内部监督包含专项监管和日常监管两个方面。单位内部控制所采取的内部监督，也是管理层和员工在经营管理中，共同对单位内部为实现目标、控制风险而进行的对内部控制系统的有效性和恰当性的自我评估。最终监督情况要形成书面的报告，并且应该指出内部控制存在的问题和不足。同时，要完善内部控制的缺陷矫正机制，使其能够更好地发挥内控的作用。

以上五个方面的内部控制内容非常广泛，彼此间相互关联。控制环境是其他控制因素的基础，它直接影响到其他内部控制因素的有效性。单位在实现目标的过程中会受到内外部环境的影响，因此单位需要对影响目标的相关因素进行风险评估，制定出相应的风险应对策略，并予以实施，这就是单位在经营活动中的控制活动，即将控制活动以业务流程的具体形式嵌入生产运营，以有效控制风险、规避风险，从而降低单位的损失。在实施内部控制活动中，离不开承上启下的信息与沟通，其他要素的实施必须以信息与沟通结果为依据，其结果也需要通过信息与沟通来反映，如果缺少了信息传递与内外部的沟通，内部控制的其他要素就难以保持紧密的联系，就不会形成一个整体的系统体系。内部监督是针对内部控制其他要素自上而下的单项检查，是指对单位内部控制的质量进行评估，从而找出其存在的问题及缺陷，并及时有效地进行整改，以推动单位内部控制持续改进提升。

第五章　财务信息化与预算管理概述

第一节　财务信息化的内涵与发展历程

一、财务信息化的内涵

财务信息化是运用现代信息技术在财务领域开展系列工作，实现财务数据及流程的革新。它远超传统纸质业务电子化，全面改造各环节。以数据采集为例，传统靠人工手动记录，易出错且耗时。如今，像 ERP 系统的财务模块与业务模块集成，销售业务完成，订单信息自动同步至财务模块作为收入核算依据，电子发票信息也可直接读取填充，大大提升了采集效率与准确性。在数据存储上，纸质档案存诸多弊端，而信息化将数据以电子形式存于数据库或云端。电子存储便于分类检索、备份恢复，节省空间，可保障数据安全与工作连续性。

数据处理与传输方面，传统靠人工计算编制报表，易有计算错误。财务信息化借助软件实现自动化处理，如自动计算折旧、结转成本等，处理结果可实时传输给相关部门，打破地域限制，实现全球分支机构间财务信息实时共享。数据分析也有质的飞跃。传统分析局限于简单对比和比率计算，信息化则借助大数据、数据挖掘等技术，整合财务与非财务数据深入分析。比如通过分析客户行为与财务数据关联，挖掘高价值客户及优化生产流程降低成本等，为决策提供更全面的依据[①]。

从更深层面看，财务信息化涉及多方面调整与整合。财务组织架构需适应性调整。传统按职能划分部门，工作流程复杂，易信息不畅。如今多进行扁平化调整，成立综合团队或小组，协同完成工作。同时加强与其他业务部门联系，设对接岗位确保信息流通。财务人员职能相应转变。过去大量精

---

① 王泽彩．预算绩效管理：新时代全面实施绩效管理的实现路径 [J]. 中国行政管理，2018(4):36−37.

力耗在手工账务处理等基础工作，现被软件替代。财务人员要向“数据分析员”“决策参谋”转变，掌握信息技术与数据分析技能，挖掘数据价值提供决策建议，且要具备良好的沟通协作能力，与其他部门紧密配合。

二、财务信息化的发展历程

（一）起步阶段

早期财务信息化多以单机版财务软件应用为主，例如基础的会计电算化软件，其功能主要集中在基本账务处理，如记账、算账、报账等，旨在减轻财务人员手工劳动强度。此阶段软件操作相对简易，数据处理能力有限，且各组织应用的软件缺乏统一标准，较为分散。

在财务信息化刚刚起步的时期，计算机技术开始在财务领域初露锋芒。那时，单机版财务软件成为众多组织开启财务信息化进程的主要方式。传统的财务工作模式完全依赖人工手动操作，财务人员要一笔一笔地记录每一笔经济业务，从精心书写记账凭证到复杂的算账流程，再到细致准备报账所需材料，整个过程既耗时又费力，而且很容易出现人为错误，像是数据记录出错、计算出现偏差等情况十分常见。

基础的会计电算化软件应运而生，其核心目的就是要减轻财务人员在基本账务处理方面的沉重负担。就拿记账这个基本功能来说，财务人员只需把经济业务的关键信息，比如日期、金额、收支类别等，按照软件设定的格式输入计算机，软件就会依据内置的会计规则自动生成规范的记账凭证，这样就取代了过去纯手工书写凭证的方式，大大节省了时间。算账环节也是如此，软件能够自动对各类账户进行余额计算、明细汇总等操作，不再需要财务人员进行复杂的手工运算。报账工作因为软件的应用也变得更加便捷了，能够快速生成符合规范的财务报表，以便及时向相关管理部门汇报财务状况。

然而，这个阶段的财务信息化存在不少局限。软件的操作虽然相较于纯手工方式有了一定程度的简化，但整体来说还是比较简易的。当遇到一些稍微复杂点的财务业务场景，比如涉及多个部门分摊费用、需要切换多种成本核算方法等情况时，软件的处理能力就明显不够了，很难准确、高效地完成任务。

从数据处理能力来看，单机版软件受到当时计算机硬件性能以及软件设计架构的限制，只能处理相对较少的数据量。一旦组织的业务规模稍有扩大，财务数据增多，软件就可能出现运行迟缓甚至卡顿的现象，这对财务工作的效率影响很大。

更为突出的问题是各组织所应用的软件缺乏统一标准，显得比较分散。不同软件开发商推出的产品在功能布局、数据存储格式、操作界面风格等方面都存在很大差异。这就导致在不同组织之间进行财务数据的交互、共享或者整合的时候，面临着巨大的障碍。比如说，一个组织想要和合作组织进行财务数据对接，以便开展联合项目或者进行财务分析对比，但是因为双方使用的单机版财务软件标准不一样，数据没办法直接兼容，必须得经过复杂的转换和调整过程，甚至在某些情况下根本没办法实现有效的数据共享，这就极大地限制了财务信息化在跨组织合作等方面的拓展。

(二) 发展阶段

随着计算机网络技术进步，财务信息化进入网络应用阶段。组织内部开始搭建局域网，财务软件实现局域网内多用户协同操作，像多人可同时进行账务处理、报表编制等。同时，财务软件功能逐渐丰富，除基本账务处理外，增添了固定资产管理、工资核算等模块，并且越发注重数据的安全性与备份恢复功能。

随着计算机网络技术的蓬勃发展，财务信息化迈进了重要的网络应用阶段。组织内部搭建起局域网，这为财务信息化的进一步发展打下了坚实的网络基础。

在局域网环境下，财务软件实现了多用户协同操作这一重大突破。在以前单机版软件时期，财务工作通常是由财务人员各自在单台计算机上独立完成账务处理和报表编制等任务。而进入网络应用阶段后，在组织的财务部门内，多名财务人员可以同时登录财务软件系统，借助局域网实现协同工作。

以大型组织的财务部门为例，不同的财务人员可以依据自身的专长和岗位分工，分别负责不同的账务处理环节。比如，有的财务人员专注于收入核算，负责把相关业务部门传来的业务订单信息准确录入财务软件，进行收入确认和相应的账务处理。有的财务人员负责费用核算，对各部门提交的费用报销单据进行审核并录入相关费用数据。他们可以在各自的计算机上同时开展工作，将各自负责的数据实时录入财务软件，软件会自动对这些分散输入的数据进行汇总、整合与处理，进而快速、准确地生成完整的财务报表。这种协同操作模式极大地提高了财务工作的效率，明显缩短了财务报表的编制周期，使得财务信息能够更及时地为组织决策提供支持。

与此同时，财务软件的功能在这个阶段得到了极大的丰富和拓展。除了继续保留并优化基本账务处理功能，还新增了多个重要的功能模块。

固定资产管理模块的出现让组织对固定资产的管理变得更加科学、规范。财务人员可以通过该模块详细录入固定资产的各项信息，包括购置日期、购置价格、资产型号、使用部门等。软件会依据预设的折旧方法，如直线法、双倍余额递减法等，自动计算固定资产在每个会计期间的折旧费用，并实时更新固定资产的账面价值。这不仅能让组织清楚地掌握固定资产的实时价值和使用状况，还能为成本核算、财务分析等工作提供准确的数据支持。

工资核算模块则为财务人员在处理员工工资相关事务时提供了极大的便利。根据组织制定的工资政策，涵盖基本工资、岗位工资、绩效工资等不同构成部分，软件可以自动按照设定的计算规则，准确计算出每个员工的应发工资、代扣款项（如社保、公积金等）以及实发工资。这有效减轻了财务人员在工资核算方面的繁重工作量，同时避免了因人工计算可能出现的人为错误，确保了工资发放的准确性和及时性。

此外，随着网络应用带来的便利性，数据的安全性与备份恢复功能也日益受到组织的高度重视。如今，网络虽然实现了内部的高效协同工作，但也带来了一些新的风险，比如网络攻击、病毒入侵等，这些都可能对财务数据造成严重威胁。为了应对这些风险，财务软件开发商在软件设计中着重强化了数据安全机制。一方面，通过数据加密技术，对财务软件中的重要数据进行加密处理，确保数据在存储和传输过程中的保密性，就算数据被非法获取，未经授权的人员也无法解读其内容。另一方面，设置了严格的访问控制措施，依据不同用户的岗位角色和职责权限，为其分配相应的访问权限，限制其对财务软件不同功能模块和数据的访问范围，防止内部人员的违规操作。

同时，完善的备份恢复系统也成为这个阶段财务软件的重要组成部分。组织会定期对财务数据进行备份，将备份数据存储在安全的区域，如异地的数据中心或专门的存储设备中。一旦遇到系统故障、数据丢失等突发情况，就可以迅速从备份数据中恢复财务数据，确保财务工作的连续性，保障组织的正常运营不受影响。

（三）深化阶段

互联网技术的广泛应用推动财务信息化进一步深化。组织的财务系统开始与外部系统相连，比如与合作金融机构实现网上资金往来操作、与税务相关系统实现网上报税等。

互联网技术的迅猛发展有力地推动着财务信息化进入深化阶段。在这个阶段，组织的财务系统不再局限于内部局域网的封闭环境，而是积极与外部系统建立广泛的连接，实现了内外系统的互联互通。

其中，与合作金融机构实现网上资金往来操作是财务信息化深化的一个显著体现。在传统的资金往来模式下，财务人员需要亲自前往金融机构柜台办理诸如转账、汇款、查询账户余额等业务，手续复杂且效率低下。而随着互联网技术在财务领域的应用，组织可以通过网上银行等金融服务平台，在财务系统内直接发起资金转账指令、实时查询账户余额、下载银行对账单等操作。

这种网上资金往来方式不仅极大地提高了资金管理的效率，使得资金的流动更加便捷、快速，而且增强了对资金监控的实时性。财务人员可以随时掌握组织资金的流动情况，及时发现任何异常的资金流动迹象，并迅速采取相应的措施加以应对，有效防范了资金风险。

与税务相关系统实现网上报税同样是这个阶段财务信息化的重要进展。以前，报税工作是财务人员颇为头疼的一项任务，需要填写大量复杂的纸质报税表格，然后亲自前往税务机关提交申报材料，过程中极易出现申报错误，且耗费大量的时间和精力。

借助互联网技术，税务部门纷纷推出网上报税平台，组织的财务系统可以与之对接，在系统内直接生成符合税务要求的报税报表，并在线提交申报。这一变革不仅简化了报税流程，大大提高了报税效率，减少了申报错误的可能性，而且便于税务部门对组织的纳税情况进行实时监控和管理，实现了税务征管与组织财务工作的高效协同。

在采购环节，当采购部门下达采购订单时，财务相关模块会同步记录相应的应付账款信息，包括供应商名称、采购金额、付款期限等。随着采购物资的入库，财务相关模块会依据入库单等信息更新应付账款的状态，如标记为已到货但未付款等。

通过这种财务业务一体化的实现，财务数据能够实时反映组织的运营状况。组织的管理层可以通过实时查看财务数据，清楚地了解到每一笔业务活动对财务状况的影响，从而能够及时做出科学的决策，调整运营策略，提高组织的运营效率和竞争力。

（四）创新阶段

如今，伴随大数据、人工智能、云计算等新兴技术兴起，财务信息化迈向创新阶段。大数据技术让财务部门可处理海量财务与非财务数据，挖掘其中的有价值信息，为组织决策提供更全面的依据。人工智能在财务领域应用，如智能财务机器人可自动完成部分重复性财务任务，像发票审核、费用报销审核等。云计算则为组织提供灵活的财务信息系统部署方式，降低信息化成本。

在当今时代，随着大数据、人工智能、云计算等新兴技术的蓬勃发展，财务信息化进入了创新阶段，为财务领域带来了诸多新的变革和机遇。

大数据技术赋予了财务部门强大的数据处理能力。在如今复杂多变的业务环境下，组织在日常运营过程中产生了海量的财务与非财务数据。这些数据来源广泛，除了传统的财务报表、会计凭证、发票等财务数据外，还包括客户购买行为数据、市场趋势数据、社交媒体互动数据等非财务数据。

大数据技术使得财务部门能够对这些海量数据进行收集、存储和处理。通过先进的数据挖掘算法和分析工具，财务部门可以深入挖掘数据中的隐藏模式、相关性和趋势。例如，通过关联分析客户购买行为数据和财务数据，可以精准识别出哪些客户群体是高价值客户，以及他们的购买习惯如何影响组织的收入和利润。通过分析市场趋势数据和财务数据的关系，可以提前预判市场变化对组织财务状况的影响，从而为组织制定更为精准的决策提供全面的依据。

人工智能在财务领域的应用也取得了显著成果。其中，智能财务机器人的应用尤为突出。在财务工作中，存在许多重复性的任务，如发票审核、费用报销审核等，这些任务以往需要财务人员耗费大量的时间和精力进行人工审核，且容易出现人为错误。

智能财务机器人可以自动完成这些重复性任务。以发票审核为例，智能财务机器人可以自动扫描发票，对发票上的关键信息，如发票号码、金额、开票日期、供应商名称等进行准确性检查。它可以依据预设的规则判断发票是否符合报销要求，如发票格式是否正确、金额是否在预算范围内等。对于费用报销审核，智能财务机器人同样可以根据组织制定的费用报销政策，对报销单据进行审查，确保报销行为符合规定，如报销项目是否合规、报销金额是否超标等。

通过智能财务机器人完成这些重复性任务，不仅大大提高了财务工作的效率，缩短了审核周期，而且有效降低了人为错误的风险，提高了财务工作的质量。

云计算则为组织提供了一种灵活且经济高效的财务信息系统部署方式。在传统模式下，组织若要建立和运行财务信息系统，往往需要投入大量的资金用于购置硬件基础设施，如服务器、存储设备等，并且还需要配备专业的技术人员进行系统维护和管理。

而云计算模式下，组织只需通过互联网接入云服务提供商提供的财务信息系统平台，即可使用相关的财务软件功能。云服务提供商负责硬件基础设施的建设、维护和管理，组织只需根据自身的业务需求，选择合适的云服务套餐，按需使用财务信息系统资源。这种部署方式不仅降低了组织的信息化成本，减少了前期投资和后期维护费用，而且具有很强的灵活性。组织可以根据自身业务的发展变化，随时调整所使用的云服务资源，如增加或减少存储空间、提高或降低计算能力等，以适应不同阶段的业务需求。

第二节　财务信息化与预算管理的相互关系

一、财务信息化对预算管理的支持作用

（一）数据收集与整理

财务信息化系统在数据收集与整理方面为预算管理提供了极为强大的支持。在现代组织的复杂运营环境下，预算相关数据来源广泛且繁杂，涉及各个部门的不同业务活动及资源调配情况。

首先，就数据收集而言，财务信息化系统具备多种高效的收集途径。业务部门作为组织运营的核心力量，其业务量预测数据对于预算编制至关重要。例如，业务部门通常会使用各类业务系统来记录和管理日常业务操作，财务信息化系统通过与这些业务系统建立接口，能够实时、自动地获取业务部门所产生的业务量预测数据，不用人工手动重复录入，大大提高了数据收集的效率和准确性。

同样，资源管理部门负责组织内各类资源的统筹与调配，其提供的资源成本估算数据也是预算编制不可或缺的一部分。比如，对于物资采购部门，它们对各类原材料、设备等物资的采购成本预估包括采购价格的波动趋势、运输成本、仓储成本等详细信息，都能通过电子表格等形式上传至财务信息系统。而且，这种上传方式可以实现定期自动更新，确保财务部门能及时获取到最新的资源成本估算数据。

除了上述主要部门的数据，财务信息化系统还能收集来自其他诸多部门的相关预算数据，如行政管理部门的办公费用预算、人力资源部门的人员薪酬及培训费用预算等。这些数据通过各自对应的录入方式或系统接口，源源不断地汇聚到财务信息系统中。

在数据整理方面，财务信息化系统展现出了卓越的自动化处理能力。一旦各类预算相关数据进入系统，它能够依据预设的规则和算法进行自动化整理与分类。例如，按照预算类型将数据分为收入预算数据、支出预算数据、项目预算数据等不同类别。或者按照部门归属，将各部门提交的数据分别归类整理，以便后续分析和使用时能够快速定位和调取。对于一些格式不规范

或存在错误的数据，系统也能在整理过程中进行初步筛选和提示，要求相关部门重新核对和提交，从而为预算编制奠定准确、全面的数据基础。这使得预算编制人员在开展工作时所面对的是经过规范整理、清晰分类且准确无误的数据，从而极大地提高了预算编制的质量和效率。

（二）预算编制效率提升

财务信息化借助专业预算编制软件，为预算编制过程带来了全方位的变革，使其更加规范、标准且高效。

现代组织往往需要应对多种不同类型的预算编制需求，如年度综合预算、专项项目预算等。专业预算编制软件针对这些不同类型的预算提供了丰富多样的预算模板和编制工具。以年度综合预算为例，软件中预设的年度综合预算模板通常涵盖了组织运营的各个方面，包括收入、支出、资产、负债等各项财务要素的预算规划。财务人员只需根据组织的具体情况选择合适的模板即可迅速搭建起预算框架，明确预算编制的整体结构和主要内容[①]。

对于专项项目预算，软件则提供了更为细致、针对性更强的编制工具。例如，针对工程项目预算，软件能够提供项目任务分解模板，将整个工程项目按照不同阶段、不同任务进行详细拆分，并为每个任务环节设定相应的预算项目，如原材料采购预算、人工费用预算、设备租赁预算等。这样，项目负责人可以依据项目实际情况，在软件的引导下，按统一格式与要求填写预算数据，确保每个项目的预算编制都能做到全面、细致且符合规范。

在预算编制过程中，软件的公式设置和数据链接等功能发挥了关键作用。通过预先设置好的各种计算公式，如成本计算公式、收入计算公式等，财务人员在录入相关数据后，软件能够自动依据这些公式进行计算，快速得出各项预算指标的初步结果。而且，数据链接功能使得不同数据之间建立起紧密的关联。比如，在编制采购预算时，将采购订单金额与对应的物资名称、供应商名称等数据进行链接，当其中任何一个数据发生变化时，与之相关的其他数据也会自动更新，确保了预算数据的一致性和准确性。

这些功能的综合运用大幅缩短了预算编制周期。在传统的预算编制方式下，财务人员需要花费大量时间手动收集数据、进行复杂的计算和汇总工

① 白冰．财政全面预算绩效管理下的绩效评价奖惩机制初探 [J]. 财讯，2024(12):22−23.

作。而借助财务信息化的专业预算编制软件不仅减少了人工操作的工作量和错误率，还能让预算编制工作在更短的时间内完成，使组织能够更及时地制定出符合实际情况的预算方案，为后续的预算执行和管理工作争取了宝贵的时间。

（三）绩效评估精准化

利用财务信息化系统收集的大量预算执行数据和相关财务指标数据能够构建起更为科学、精准的预算绩效评估体系，从而为组织进一步优化预算管理提供极为有力的依据。

在预算执行期间，财务信息化系统会持续不断地收集各类数据，这些数据不仅包括每一笔预算支出和收入的具体情况，还涵盖了与预算执行效果相关的诸多财务指标数据，如成本控制指标（实际成本与预算成本的对比情况）、收入达成指标（实际收入与预算收入的对比情况）、资金周转指标（资金的周转速度和效率）等。

通过对这些大量数据的分析，可以准确评估预算执行的效果。例如，在评估资源利用效益方面，可以通过分析不同项目或业务活动中资源的投入与产出情况，结合预算编制时对资源利用的预期目标，判断是否达成了预期的资源利用效益。如果发现某个项目在预算执行过程中虽然投入了大量的资源，但产出效果并不理想，如产品质量未达到预期标准、服务效率低下等，就说明在资源利用方面可能存在问题，需要进一步分析是资源配置不合理、业务流程不顺畅还是其他原因导致的。

在成本控制方面，通过对比实际成本与预算成本的差异情况，可以清晰地看出成本控制是否有效。如果实际成本低于预算成本，说明在成本控制上取得了一定的成效，可能是因为采取了有效的采购策略、优化了生产流程等原因；反之，如果实际成本高于预算成本，就需要深入分析是原材料价格上涨、人工成本增加还是其他因素导致成本失控，以便采取针对性的措施加以改进。

而且，财务信息化系统还可以根据不同的评估维度和需求，对预算绩效进行综合评估。例如，除了考虑财务指标，还可以结合非财务指标，如业务完成度（项目是否按时完成、业务目标是否达成等）、客户满意度（客户对组织提供的产品或服务的满意程度）等，通过赋予不同指标不同的权重，计算出一个综合评估得分，以此来全面、准确地评估预算执行的整体绩效。

基于这种精准的绩效评估结果，组织可以清楚地了解到预算管理中存在的优点和不足，从而有针对性地对预算管理进行优化。比如，如果发现某个部门在预算执行过程中成本控制不佳，就可以针对该部门制定专门的成本控制措施，如加强成本核算管理、培训员工的成本意识等。如果发现整体预算绩效评估得分不高是因为业务完成度较低，就可以对业务流程进行重新审视和优化，以提高业务完成度，进而提升预算管理的整体效果。

二、预算管理对财务信息化的需求驱动

（一）数据准确性要求

预算管理作为组织财务管理的核心环节之一，其有效性和科学性在很大程度上依赖于准确、可靠的财务数据。这种对数据准确性的严苛要求成为推动财务信息化系统持续完善数据采集和处理机制的重要驱动力。

在预算编制阶段，准确的财务数据是构建合理预算方案的基石。每一个预算项目，无论是收入预算、成本预算还是其他各类费用预算，都需要基于真实且精确的数据来设定目标和规划资源分配。

而在财务核算环节，更是要严格规范数据记录，确保每一笔经济业务所涉及的成本费用等数据的真实性和准确性。从最基础的账务处理开始，每一笔费用的支出、每一项资产的购置或折旧计算，都要遵循严格的会计准则和组织内部的财务规定。财务人员需要细致入微地记录每一个数据细节，如费用的发生日期、用途、涉及的部门或项目等，以便为预算编制提供准确且全面的参考依据。

为了满足预算管理对数据准确性的要求，财务信息化系统不断优化其数据采集途径。除了传统的手工录入方式，如今更多地借助于各类业务系统的集成来实现自动采集数据。

在数据处理方面，财务信息化系统也在不断升级其算法和逻辑。对于采集到的原始数据，系统会进行多轮的校验和清洗。例如，对于一些可能存在异常的数据点，如费用金额过高或过低、市场趋势明显不符等情况，系统会

自动触发预警机制，提示财务人员进行进一步核实和处理。同时，在数据汇总和计算过程中，严格按照既定的财务规则进行运算，确保每一个经过处理的数据都能准确反映组织的财务状况和业务活动，从而为预算编制和执行环节提供坚实的数据保障。

（二）功能拓展需求

随着组织的发展以及预算管理理念和实践的不断演进，对财务信息化系统的功能拓展需求日益凸显。组织在不同的预算管理场景下，需要财务信息化系统具备更加多样化和针对性的功能来满足其复杂的管理需求。

在开展特定项目预算管理时，情况尤为突出。特定项目通常具有独特的目标、时间限制、资源需求和风险特征，与组织的常规业务预算管理存在明显差异。因此，财务信息化系统需要能够提供针对项目的单独预算编制、执行监控和绩效评估功能。

对于单独预算编制功能而言，系统要能够根据项目的具体特点和要求为项目团队提供定制化的预算模板和编制工具。例如，对于一个大型建筑项目，预算编制模板应涵盖项目各个阶段的成本预算，如土地购置成本、建筑材料采购成本、施工人员人工成本、设备租赁成本等，并且能够根据项目进度安排灵活设定不同阶段的预算分配比例。同时，编制工具要具备方便快捷的数据录入和计算功能，便于项目人员准确填写各项预算数据，并能实时查看预算编制的整体情况和各项指标的完成进度。

在项目执行监控方面，财务信息化系统要能够实时跟踪项目预算的每一笔支出和收入情况，与项目实际进展紧密结合。通过设置项目特定的监控指标和阈值，如项目阶段成本超支预警、资金到位情况监测等，一旦出现异常情况，系统能立即发出预警信号，提醒项目团队及时采取措施进行调整。例如，当建筑项目施工过程中发现某一阶段的材料采购成本超出预算设定的阈值时，系统会及时通知项目负责人，以便其尽快查找原因，是市场价格波动导致还是采购管理环节出现问题，并采取相应的补救措施。

绩效评估功能同样重要。在项目结束后，财务信息化系统要能够依据项目预算执行过程中收集到的大量数据对项目的预算绩效进行全面的评估。评估指标不仅要包括传统的财务指标，如项目成本控制率、资金周转率等，还要结合非财务指标，如项目是否按时完成、工程质量是否达标、客户满意度等，通过综合分析这些指标，为项目的成功与否以及后续类似项目的预算管理提供宝贵的经验和改进建议。

在滚动预算中，预算周期不再是固定不变的，可能是季度滚动、月度滚动等形式。财务信息化系统需要能够根据组织设定的滚动周期自动调整预算编制、执行和监控的时间节点。例如，在月度滚动预算模式下，每个月结束后，系统要能够迅速根据当月的实际业务情况对下个月的预算进行更新和调整。其中涵盖了对当月收入、支出、资产、负债等各项财务数据的重新分析和评估，以及对未来一个月市场趋势、业务发展等因素的预测。

同时，数据更新方式也需要更加灵活。系统不仅要能够及时获取和更新最新的业务数据，还要能够根据这些新数据对预算进行合理的调整和优化。

（三）协同工作需求

预算管理并非财务部门的单打独斗，它涉及组织多个部门的广泛参与，是一个跨部门的协同管理过程。因此，这就要求财务信息化系统能够实现与组织内其他业务系统的良好协同，以确保各个部门在预算管理过程中能够顺畅地沟通信息、共享数据，从而提高预算管理的整体效率和效果。

同样，资源管理部门的资源计划系统与财务信息系统中的成本预算模块也需要紧密配合。资源管理部门负责组织内各类资源的统筹规划和调配，其制定的资源计划直接关系到成本预算的合理性和可执行性。例如，在物资采购方面，资源计划系统会根据组织的生产计划、业务需求等因素，制定物资采购计划，包括采购物资的种类、数量、预计采购时间等信息。这些信息应能够及时传递给财务信息系统中的成本预算模块，以便财务人员在编制成本预算时，能够充分考虑到资源的实际需求和价格波动等因素，从而制定出更加合理的成本预算方案。

此外，为了实现这种良好的协同工作，财务信息化系统与其他业务系统之间通常需要建立统一的数据标准、规范的数据接口以及高效的信息传递机制。通过这些措施，确保不同系统之间的数据能够准确无误地进行共享和交互，避免因数据格式不一致、接口不兼容等问题导致的信息传递不畅或数据错误，从而为预算管理的跨部门协同提供坚实的技术支持。

第六章　预算编制的信息化流程与方法

第一节　不同预算类型在信息化环境下的编制原则

一、年度综合预算编制原则

（一）全面性原则

在信息化环境的有力支撑下，年度综合预算编制的全面性要求愈发凸显。组织作为一个复杂的有机整体，其内部各项活动及资源分配相互交织，牵一发而动全身。因此，编制年度综合预算时，必须将所有相关要素无一遗漏地纳入考量。

财务信息化系统在此发挥了关键作用，凭借其广泛的数据收集功能，如同一张无形的大网，能够将来自组织各个角落的信息汇聚起来。各业务板块的业务活动所产生的数据，如服务部门对于服务提供量的精准预估数据，包括服务人次、服务时长等方面的预测。同时，资源管理部门涉及的物资采购计划详细记录着各类物资的采购品种、数量、预计采购时间等信息，以及设备维护预算，明确设备维修、保养所需的费用支出规划。行政管理方面的办公费用预算涵盖办公用品采购、办公场地租赁、水电费等各项开支预计，也都要被完整地并入年度综合预算编制体系之中。只有这样，才能全面呈现组织运营过程中的资源流动与分配全貌，为后续的预算执行与监控提供坚实基础[①]。

（二）准确性原则

年度综合预算的准确性是其科学性与可行性的重要保障，而财务信息化系统则是实现这一准确性的得力助手。

① 王银梅，王赓，李萌．预算管理一体化规范与绩效运行监控 [J]. 财政监督 ,2021(12):41-42.

在数据收集环节，利用财务信息化系统精准的数据采集能力，要对每一个数据来源进行严格核实，确保其可靠性。无论是业务部门提交的业务数据，还是资源管理部门提供的资源相关数据，都必须经过细致的筛查，杜绝虚假或不准确信息的混入。

进入预算编制环节，更需依据严谨的财务规则和既定算法进行精确运算。以物资采购成本核算为例，不仅要准确统计各类物资的单价，这需要实时关注市场价格波动并获取最准确的价格信息，还要精准确定采购数量，结合运输费用的实际情况，考虑不同运输方式、运输距离等因素对成本的影响，以及仓储费用的合理估算，综合这些因素后，才能精准计算出总的采购成本。只有保证每一项数据都真实、准确且符合相关财务规范及组织内部要求，年度综合预算才能如实反映组织资源的实际需求与分配情况，从而为组织决策提供准确依据，避免因预算偏差导致的资源浪费或运营不畅。

（三）前瞻性原则

年度综合预算编制绝非对当下组织运营状况的简单复制，而是要具备高瞻远瞩的眼光，充分预估和分析未来一年的各类外部环境变化及发展趋势。

财务信息化系统在此过程中提供了丰富的信息资源。一方面，通过收集组织自身的历史数据，分析过往业务发展的规律与特点，从中汲取经验教训。另一方面，积极从外部获取市场动态、行业发展等信息，如密切关注市场调研机构发布的未来一年原材料价格波动趋势报告，以及相关服务需求的增减变化预测等。

利用这些信息，在年度综合预算编制中能够提前作出合理调整。比如，若预测到未来一年原材料价格将大幅上涨，就应在物资采购预算中适当增加预算额度，或者提前寻找更具性价比的供应商。若预计相关服务需求会显著增加，就要相应地在服务资源配置预算等方面作出优化安排，如增加服务人员数量、提升服务设施配备等。通过这种前瞻性的预算编制，组织能够更好地应对未来可能出现的各种情况，确保运营平稳有序，在市场竞争中占据主动地位。

（四）协调性原则

年度综合预算编制犹如一场精心编排的乐章，各项预算安排需紧密围绕组织的总体发展目标奏响和谐之音，相互协调配合，共同推动组织朝着既定目标稳步前行。

财务信息化系统成为实现这一协调性的有力工具，它能够将组织的总体目标进行细致的细化分解，如同将一幅宏伟蓝图拆解成一个个具体的小目标，落实到各个部门、各项业务活动的具体预算指标中。

例如，当组织的总体目标是提升服务质量与扩大服务覆盖范围时，业务部门在年度综合预算编制过程中需有的放矢。要着重考虑增加服务人员培训预算，借助专业的培训提升服务人员的业务水平和服务意识，以此提高服务质量；同时，还需加大拓展服务网点建设预算，合理规划网点布局，进而增加服务覆盖范围。如此，各项预算安排方能与组织总体目标高度契合，各部门也能明确自身在实现组织目标过程中的预算责任，形成协同共进的良好局面，有效提升组织的整体运营效率。

二、专项项目预算编制原则

（一）针对性原则

专项项目预算编制犹如为特定项目量身定制一套合身的“财务服装”，其核心在于紧密围绕项目自身的独特特点、具体要求以及预期目标展开细致规划。

在当今信息化环境的有力支撑下，借助项目管理软件与财务信息系统的深度集成，我们能够像精准的探测器一样，全面且精准地收集与项目直接相关的各类数据。例如，对于一个大型活动项目而言，其涉及的方方面面都需要细致考量。从活动规模大小到预估的参与人数，再到场地布置的具体要求以及活动流程的详细安排等，每一个因素都对预算编制有着关键影响。

基于这些详细信息，我们可以准确核算出各项开支。场地租赁费用会因场地大小、地段以及活动时长而有所不同。活动设备购置及租赁费用取决于活动所需设备的种类、数量和租赁时长。人员劳务费用则要根据参与活动工作人员的数量、工作时长以及技能要求等来确定。通过这样全面且精准的数据收集与分析，我们便能为该大型活动项目量身定制出符合其实际情况的预算方案，确保预算编制具有极强的针对性，能够精准满足项目开展过程中的资金需求。

（二）细化原则

专项项目预算编制要求我们像拆解精密仪器一样，尽可能将项目涉及的各项费用进行细致拆分和明确罗列，不放过任何一个可能产生费用的环节。

无论是直接费用（如原材料费用、人工费用等），还是间接费用（像项目管理费用、设备维护费用、场地占用费用等），都需要清晰呈现。在信息化环境下，财务信息化系统配备的预算编制软件是我们得力的助手。

以一个科研项目为例，科研人员的工资是直接费用的重要组成部分，需要根据不同科研人员的级别、工作量等因素准确核算。实验设备购置及运行费用要考虑设备的型号、购置价格、后续维护成本以及运行所需的能源消耗等。实验材料消耗费用则要依据实验的具体内容、实验次数以及材料的单价等来确定。科研场地租赁费用要结合场地面积、租赁时长等因素计算。项目管理过程中的办公设备及耗材费用也不能遗漏，要根据实际办公需求和市场价格进行核算。

通过这款预算编制软件，我们能够方便快捷地对各项费用进行细分、核算并汇总，有效提高预算的精细化程度，使得预算能够全面涵盖项目实施过程中的每一个细微之处，为项目的顺利推进提供准确的资金规划依据。

（三）动态调整原则

专项项目预算并非刻在石头上的固定条文，而是要随着项目推进过程中不断变化的情况灵活变动。

在项目实施过程中，各种变数都可能出现。比如项目范围的扩大或缩小，这可能是由于项目需求的变更或者意外情况的发生。所需原材料价格的波动受市场供需关系、原材料产地情况等因素影响。项目进度的提前或延迟可能是因为施工工艺的改进、天气因素或者其他不可预见的原因。

此时，财务信息化系统的灵活性便凸显出来了。我们要充分利用这一优势，依据项目实际进展情况实时对预算进行动态调整。

例如在一个建筑项目施工期间，如果发现地下存在复杂地质情况，这就需要增加额外的地基处理费用，此时就要及时通过财务信息化系统对项目预算进行相应的增加调整；相反，如果因施工工艺改进提前完成了部分工程任务，从而节省了部分人工费用，那么也应立即通过财务信息化系统对预算进行减少调整。如此一来，才能保证预算始终能准确反映项目的实际资金需求，确保项目资金的合理安排与有效利用。

（四）专款专用原则

专项项目预算资金具有明确的用途指向，必须严格遵循专款专用原则，确保每一笔资金都专项用于项目本身的各项开支，绝不能挪作他用。

如今，随着信息技术的广泛应用，财务信息化系统的资金管理模块发挥着重要的监督和保障作用。它能够像一双敏锐的眼睛，对项目资金的流向进行实时、精准跟踪。

以一个公益性质的文化活动项目为例，所筹集到的捐赠资金承载着众多爱心人士的期望，必须全部用于活动的策划、组织、宣传以及活动所需物资的采购、演职人员的劳务支付等与活动直接相关的方面。无论是购买活动宣传海报的费用，还是支付演员演出的报酬，每一笔钱都要专项用于活动本身，不能用于其他无关的组织运营或其他项目开支。通过这样严格的资金跟踪与管理，能够有效防止资金挪用现象的发生，保障项目的顺利实施和资金使用的合规性，让项目在健康的财务轨道上顺利推进。

第二节　基于信息化的预算数据收集与整理

一、数据收集的途径与方式

（一）内部业务系统集成

在现代组织的运营管理中，各类业务系统扮演着至关重要的角色，它们分别负责管理不同方面的业务活动，如业务订单管理系统专注于订单的生成、处理与跟踪。资源管理系统侧重于物资采购、设备调配及库存管理等。人力资源管理系统则围绕人员招聘、培训、薪酬等环节展开。当这些业务系统与财务信息系统进行有效的集成后，便为预算数据的收集开启了一条自动化的便捷通道。

以业务订单管理系统为例，每当有一笔新订单生成，其背后关联着诸多与预算紧密相关的关键信息。这些信息涵盖了产品或服务的具体名称，它直接关系到收入预算中不同产品或服务类别的收入预估。订单数量的多少会影响到生产计划、原材料采购量以及相应的成本预算。价格信息则是确定收入金额以及可能涉及的折扣、税收等财务因素的重要依据。而客户信息，包括客户的信用状况、购买历史等，对于应收账款的管理具有重要意义。业务订单管理系统能够实时且精准地将这些订单的详细信息如同一股信息流，毫无阻碍地传送到财务信息系统中，从而为收入预算的编制提供了确切且及时的数据基础。

同样，资源管理系统在组织的日常运营中也发挥着不可或缺的作用。当进行物资采购活动时，它会生成详细的采购订单信息，包括采购物资的种类、规格、数量、供应商信息以及预计采购价格等。这些数据对于采购预算的编制至关重要，财务部门可以依据这些信息准确预估采购成本、运输费用以及可能产生的其他相关费用。

此外，在设备调配方面，资源管理系统会记录设备的使用情况，如设备的使用频率、维修记录、当前所在部门等信息，这为设备维护预算的编制提供了有力支撑。通过与财务信息系统的集成，资源管理系统能够将这些与物资采购和设备相关的数据及时发送过去，确保财务部门在编制相关预算时能够获取到最新且准确的信息①。

这种内部业务系统集成的方式不仅大大提高了预算数据收集的效率，减少了人工干预可能带来的错误，而且保证了数据的实时性和准确性，使得财务部门能够更加精准地把握组织的业务动态，从而为预算编制工作奠定了坚实的基础。

① 王颖．现代预算管理“效”为先：部门预算绩效管理探索[J]．中国总会计师，2023(12):26−27.

(二) 电子表格收集

尽管内部业务系统集成能够实现大量预算相关数据的自动传输，但在组织的实际运营过程中仍存在一些无法通过业务系统自动传输的数据情况，或者存在一些临时性、补充性的数据需求。针对这些情况，电子表格收集成为一种常用且有效的数据收集方式。

组织内部各部门在日常工作中常常会涉及一些特殊的业务活动，这些活动的预算数据可能无法直接从现有的业务系统中获取。例如，各部门计划开展的培训活动预算，其中牵涉培训讲师的聘请费用、培训场地的租赁费用、培训教材的购买费用等。又如会议费用预算，包括会议场地的租赁、会议设备的租用、参会人员的餐饮等各项开支。对于这些数据，各部门可以按照财务部门规定的格式和要求，精心填写到电子表格中。

在填写电子表格时，财务部门通常会明确规定各项数据的填写规范，如数据的格式（是数字格式还是文本格式）、数据的单位（是元还是万元等）、数据的填写顺序等，以确保各部门提交的数据具有一致性和可处理性。各部门完成电子表格的填写后，可以通过多种便捷的方式将其提交给财务部门，常见的方式包括网络共享，即将电子表格上传到组织内部指定的共享文件夹中，方便财务部门随时下载查看。或者通过邮件发送，将填写好的电子表格作为附件发送到财务部门指定的邮箱地址。

财务部门在收到各部门提交的电子表格后，会对这些数据进行进一步的汇总和整理。它们会仔细检查数据的完整性，确保每个部门都按照要求填写了所有必要的数据项。同时，还会对数据的准确性进行初步审核，对于一些明显不符合常理或与其他相关数据存在矛盾的数据，会及时与相关部门进行沟通核实。通过这种电子表格收集的方式，能够将组织内部各部门的一些零散的、特殊的预算数据有效地汇总到财务信息系统中，进行后续的综合处理和分析。

(三) 在线数据采集平台

随着信息技术的不断发展，一些组织开始搭建专门的在线数据采集平台，为预算数据的收集提供了一种更为便捷、高效的新途径。

这种在线数据采集平台具有诸多显著的优势。第一，它具有极高的便捷性，供内部各部门和相关人员直接在平台上输入预算相关数据，无须传统方式那样通过复杂的文件传输或手工填写纸质表格再进行录入等操作。例如，在编制专项项目预算时，项目团队成员可以直接登录在线数据采集平台，无论他们身处何地，只要有网络连接，就可以方便快捷地输入项目各阶段的任务进度、所需资源的详细情况等数据。第二，在线数据采集平台具备实时收集数据的能力，能够在相关人员输入数据的同时，立即将这些数据收集起来。并且它还能够自动进行初步的格式检查和数据验证。当项目团队成员输入数据时，平台会根据预先设定的格式要求，如数据的类型、长度、取值范围等，对输入的数据进行实时检查。如果输入的数据不符合格式要求，平台会立即弹出提示框，告知用户错误信息并要求重新输入。第三，对于一些关键数据，平台还会进行简单的数据验证，比如检查输入的任务进度是否在合理的时间范围内，所需资源的数量是否符合项目的实际需求等。通过这种方式，能够在数据收集的初期就有效避免一些明显的错误数据进入后续的处理流程中，提高了数据的质量和可靠性。

一旦这些数据在平台上被收集起来，它们会立即被传输到财务信息系统进行整理和分析。财务部门可以根据这些实时收集且经过初步验证的数据更加及时、准确地开展预算编制工作。例如，在项目执行过程中，根据项目团队成员不断更新的任务进度和资源需求数据，财务部门可以动态调整项目预算，确保预算始终能够准确反映项目的实际情况，为项目的顺利推进提供有力的财务支持。

（四）外部数据引入

组织内部数据固然重要，但外部数据同样不容忽视。外部数据能够为组织提供更广阔的视野，使其能够站在行业、市场乃至宏观经济的层面来审视自身的预算编制，从而做出更科学、准确的预算决策。

组织在预算编制时可能需要引入多种类型的外部数据，如市场调研机构发布的行业报告、宏观经济数据、原材料价格走势等。这些外部数据来源广泛，获取方式也各不相同。

市场调研机构发布的行业报告通常包含了丰富的行业信息，如行业的市场规模、竞争格局、发展趋势等内容。组织可以通过购买专业数据服务的方式获取这些报告，然后从中提取出对自身预算编制有用的数据。例如，在编制年度综合预算时，为了准确预测未来一年的市场需求，财务部门可以从市场调研机构购买关于本行业市场需求预测的报告，将其中涉及不同产品或服务的市场需求增长率、消费者偏好变化等数据提取出来，并整合到财务信息系统中，作为收入预算编制的参考依据。

宏观经济数据同样对预算编制具有重要影响。这些数据涵盖了国内生产总值（GDP）增长情况、通货膨胀率、利率水平等方面的信息。组织可以通过政府公开信息渠道获取这些宏观经济数据，如国家统计局的官方网站等。在编制预算时，了解宏观经济数据可以帮助组织更好地预估市场环境的变化对自身业务的影响。例如，如果预计通货膨胀率将会上升，组织在编制成本预算时就需要考虑原材料价格上涨、员工薪酬调整等因素，以确保预算能够适应宏观经济环境的变化。

原材料价格走势也是组织在预算编制过程中需要重点关注的外部数据之一。原材料价格的波动直接影响到组织的采购成本，进而影响到成本预算和产品定价等方面。组织可以通过订阅相关行业资讯平台，如一些专业的原材料市场资讯网站，来获取原材料价格走势的最新信息。将这些信息引入财务信息系统中，可以使组织在编制采购预算时能够更加准确地预估原材料成本，提前做好应对价格波动的准备。

通过引入外部数据，组织能够在预算编制过程中充分考虑到外部环境的变化，使预算更加符合实际情况，为组织的持续发展提供更有力的财务支持。

综上所述，通过内部业务系统集成、电子表格收集、在线数据采集平台以及外部数据引入等多种数据收集途径与方式，组织能够在预算编制过程中全面、准确地收集所需的各类数据，为后续的预算编制工作奠定坚实的基础。

二、数据整理的步骤与要点

(一) 数据审核

数据审核是预算数据整理过程中的首要且关键环节，它犹如一道严格的关卡，对接收自各种途径的预算数据进行全面细致的筛查，确保进入后续处理流程的数据质量可靠。

在当今复杂多样的数据收集环境下，组织通过内部业务系统集成、电子表格收集、在线数据采集平台以及外部数据引入等多种方式获取预算数据。一旦这些数据汇聚而来，便要立即开启严谨的数据审核工作。

首先，检查数据的完整性至关重要。这意味着要确保每一项数据都有明确的填写内容，不存在任何遗漏之处。以审核电子表格提交的预算数据为例，需要逐行逐列地进行审视。比如在一份关于项目预算的电子表格中，对于每个项目任务所对应的资源需求数据，要查看是否明确填写了所需物资的种类、数量、预计采购时间等关键信息。对于涉及人员费用预算的部分，是否完整记录了员工的岗位、工资标准、福利项目及对应金额等内容。任何一项数据的缺失都可能导致后续预算编制工作出现偏差，因此必须严格把关，确保数据的完整性。

其次，审核数据的准确性是数据审核的核心要点。要核实数据是否符合实际情况，是否存在明显的错误或不合理之处。在实际操作中，这需要结合多方面的知识和经验来判断。例如，在审核业务订单数据时，要根据市场行情和过往业务记录来检查订单中的产品或服务价格是否合理，若出现价格过高或过低且与市场常规价格相差悬殊的情况，就很可能存在问题。对于业务量的数据，要参照以往同期的业务开展情况以及市场趋势进行分析，若某一时期的业务量数据突然出现异常的大幅增长或下降，且没有合理的解释，那么就需要进一步核实。此外，还要关注数据之间的逻辑关系是否正确，比如在成本预算中，各项成本费用的构成比例是否符合行业常规和组织自身的运营特点等。

最后，验证数据的格式是否符合财务信息系统的要求也是不可或缺的环节。不同的财务信息系统对数据格式有着特定的规范，如日期格式可能要求统一为“YYYY-MM-DD”的形式，金额格式可能规定为保留到小数点后两位等。在审核过程中，要仔细检查每一个数据的格式是否正确，对于不符合要求的数据，如日期填写不规范、金额格式错误等，要及时反馈给相关部门或人员进行修改。只有确保数据的格式准确无误，才能保证数据能够顺利被财务信息系统识别和处理，避免在后续的预算编制和分析工作中出现数据导入错误等问题。

通过全面细致的数据审核工作，能够及时发现并纠正数据中存在的各种问题，为后续的数据整理和预算编制工作奠定坚实的基础。

(二) 数据分类

当预算数据通过了严格的数据审核环节后，接下来便要进入数据分类的步骤。数据分类是将杂乱无章的预算数据按照不同的预算类型、业务活动、费用项目等进行有条理的归类，其目的在于方便后续的预算编制和分析工作，使数据更加易于查找、理解和使用。

数据分类需要依据组织的具体业务架构和预算编制需求来进行细致的划分。同样，将与采购预算相关的数据，如采购订单数据、物资价格数据等，归类到采购预算类别中。在采购预算类别中，也可以根据采购物资的不同类型，如原材料、设备、办公用品等进行再次分类，同时结合供应商信息，分析不同供应商提供的物资价格、质量、交货期等因素对采购预算的影响。

对于与人员费用预算相关的数据，如工资数据、福利数据等，归类到人员费用预算类别中。在此基础上，还可以按照员工的部门、岗位级别、工作性质等进行细分，以便更清楚地了解不同部门、不同岗位人员的费用支出情况，为人力资源管理和成本控制提供有力依据。

通过这种多层次、多角度的数据分类方式，能够使预算数据呈现出清晰的结构，就像将一堆杂乱的文件按照不同的类别和文件夹进行整理存放一样，当需要查找某一类特定的数据时，能够迅速定位并获取，大大提高了预算编制和分析工作的效率。

（三）数据清理

在完成数据分类的基础上，数据清理工作便提上日程。数据清理主要是针对分类后的预算数据进行深度清理，去除一些重复的数据、无用的数据以及可能影响预算编制的错误数据，以保证预算编制所依据的数据是准确、干净的。

在数据收集过程中，由于各种原因，可能会出现一些数据质量问题。例如，在收集业务订单数据时，可能会因为系统故障或人为操作失误等原因，出现重复提交的订单数据。这些重复数据不仅会增加数据处理的工作量，还可能导致在计算业务量、收入等预算指标时出现错误，因此必须及时清理掉。在清理过程中，需要通过比对订单的关键信息，如订单编号、产品或服务名称、下单时间等，来准确识别重复数据，并将其删除。

同样，一些明显错误的价格数据，如价格为负数或过高、过低不符合实际情况的，也要进行清理。价格为负数显然不符合经济常理，而过高或过低的价格可能是数据录入错误或对市场行情了解不足导致的。对于这类错误数据，要根据市场实际情况和相关业务知识进行修正或删除，以确保采购预算、收入预算等相关预算编制所依据的数据准确可靠。

此外，还有一些无用的数据可能会混入其中。比如在收集外部数据时，可能会获取一些与本次预算编制无关的信息，这些信息虽然不会直接导致预算编制错误，但会增加数据的复杂性，影响数据处理效率，因此也需要进行清理。

通过细致的数据清理工作，能够进一步优化预算数据的质量，使预算编制所依据的数据更加精准、有效，为后续的预算编制和分析工作提供更可靠的支持。

（四）数据汇总

经过前面的数据审核、分类和清理等一系列严谨的处理步骤后，预算数据便进入数据汇总阶段。数据汇总是根据不同的预算类型和分类方式，将同类数据进行汇总计算，得出各项预算指标的初步结果，它能够更直观地看到各项预算指标的总体情况，为进一步的预算编制和分析提供基础。

对于收入预算而言，将所有业务订单的收入金额汇总，得到总的收入预算金额。在汇总过程中，要确保每一笔业务订单的收入金额都准确无误地被纳入计算范围。这可能需要结合数据审核和清理的结果，对一些可能存在疑问或经过修正的数据进行再次确认，以保证汇总结果的准确性。通过汇总得到的总收入预算金额能够让组织清晰地了解到在特定时期内，基于现有业务订单预计能够实现的收入水平，为评估业务发展前景等提供重要参考。

对于采购预算，将所有采购订单的采购金额汇总，得到总的采购预算金额。同样，在汇总过程中要注意对采购订单数据的准确性进行再次核查，特别是经过数据清理后可能存在变动的订单金额。汇总后的采购预算金额能够反映出组织在一定时期内预计用于采购物资、设备等的资金规模，为采购部门合理安排采购计划、控制采购成本等提供依据。

除了收入预算和采购预算，对于其他各类预算，如人员费用预算、项目预算等，也都要按照各自的分类方式进行数据汇总。例如，在人员费用预算中，将不同部门、不同岗位人员的工资、福利等费用汇总，得到总的人员费用预算金额，以便了解组织在人力资源方面的总体支出情况。在项目预算中，将项目各阶段涉及的各项费用汇总，得到项目的总预算金额，为项目的实施和管理提供资金方面的指导。

通过数据汇总这一环节，能够将分散的预算数据进行整合，形成具有明确意义的各项预算指标初步结果，为后续更为深入的预算编制、分析和决策工作搭建起坚实的基础。

第七章 财务信息化下的预算执行与监控

第一节 预算执行中的财务信息流跟踪

一、财务信息流的构成

（一）交易数据信息流

预算执行过程中，大量的交易活动构成了财务信息流的重要部分。每当组织进行一项采购活动，无论是购买办公用品、生产设备还是服务项目，相关的交易数据便开始流动。这些数据涵盖了供应商信息，如名称、联系方式、信用评级等，以便后续评估合作关系及付款安排。采购的具体物品或服务描述也包含其中，明确了预算支出的具体用途。再者，交易金额、交易时间以及付款方式等信息同样不可或缺，它们直接反映了预算资金的流向和使用节点。

（二）预算分配与调整信息流

在预算执行伊始，根据组织的战略规划和业务计划，会有一套初始的预算分配方案。这一方案确定了各个部门、项目或业务板块所能支配的预算额度，形成了预算分配信息流。它明确了不同业务活动在资金上的预期安排，比如宣传部门的宣传预算、研发部门的研发预算等。

然而，在实际执行过程中，由于市场环境变化、业务需求变动等因素，预算往往需要进行调整。每次预算调整的申请、审批流程及调整后的结果都会产生新的信息流。这些调整信息包括调整的原因说明、调整涉及的具体项目或部门、调整的金额以及调整后的预算分配明细等。它们反映了预算在执行过程中的动态变化，对于监控预算执行情况、确保资金合理调配至关重要。

（三）财务报表信息流

财务报表是对组织财务状况和经营成果的综合呈现，在预算执行过程中，定期生成的各类财务报表也构成了财务信息流的重要组成部分。资产负债表展示了组织在特定时间点的资产、负债和所有者权益状况，通过对比预算编制时设定的相关目标，可以看出预算执行对组织整体财务结构的影响。

利润表则反映了一定期间内组织的收入、成本和利润情况，分析其中各项数据与预算的差异，能洞察预算执行过程中在收入获取和成本控制方面的成效。现金流量表记录了现金的流入和流出，为了解预算执行过程中资金的实际周转情况、是否存在现金短缺或闲置等问题提供了清晰的视角。这些财务报表信息流以结构化的形式呈现了预算执行的综合成果，为管理层提供了全面评估预算执行情况的依据[①]。

二、财务信息流的来源

（一）业务前端系统

组织内部的各个业务前端系统是财务信息流的重要源头之一。比如采购系统在完成一笔采购交易后，会将采购订单的详细信息，包括供应商信息、采购物品详情、交易金额等传递给财务系统。生产系统也会提供关于生产进度、原材料消耗、人工工时等与预算执行密切相关的信息。这些业务前端系统在日常运营过程中不断产生新的数据，是财务信息流源源不断的供给者，它们所提供的信息真实反映了业务活动的实际开展情况，从而为准确跟踪预算执行提供了一手资料。

（二）财务核算系统自身

财务核算系统本身也是财务信息流的重要来源。在对各项经济业务进行会计处理时，财务人员会根据会计准则和组织内部的财务制度，对交易数据进行分类、记录和汇总。

这些由财务核算系统内部生成的信息不仅是编制财务报表的基础，也

① 李欣．业财融合下的精细化财务管理模式分析 [J]. 中国集体经济 ,2023(34):33-34.

是财务信息流的重要组成部分。而且，财务核算系统在进行账务处理过程中会不断更新和完善相关数据，如对应收账款的账龄分析、对存货的计价调整等，这些更新后的信息同样会融入财务信息流中，为预算执行的监控和分析提供更深入的视角。

（三）外部数据源

除了组织内部的业务前端系统和财务核算系统，外部数据源也在一定程度上为财务信息流提供了补充。市场调研机构发布的行业数据，如行业平均价格水平、市场需求趋势等，可以帮助组织评估自身预算执行情况在同行业中的位置。例如，如果组织的采购预算执行中发现采购价格远高于行业平均水平，就需要进一步分析原因，可能是采购渠道不佳或谈判能力不足等。

三、利用财务信息化手段实现跟踪

（一）集成业务系统与财务系统

在当今数字化时代，现代组织为了实现高效、精准的预算执行监控，普遍采用集成化的业务系统与财务系统，这一举措构建起了业务与财务之间紧密的信息桥梁，使得业务数据能够实时自动传输到财务系统中，进而形成完整且连贯的财务信息流。

业务系统作为组织日常运营活动的核心记录平台，涵盖了诸如订单处理、物资采购、人力资源管理等诸多业务模块。每个业务模块在其运行过程中会不断产生海量的数据，这些数据详细记录了组织各项业务活动的具体情况，包括业务发生的时间、涉及的对象、业务内容以及相关的数量、金额等关键信息。

当业务系统与财务系统实现集成后，这些丰富的业务数据便如同涓涓细流，自动且实时地汇聚到财务系统之中。这种集成化的运作模式不仅极大地提高了数据传输的效率，避免了人工手动录入可能带来的错误和延误，而且保证了财务信息流的及时性和准确性。它使得财务部门能够在第一时间获取到最真实、最全面的业务数据，从而为精准跟踪预算执行情况奠定了坚实的基础。通过实时自动传输的业务数据在财务系统中不断累积和流转，形成了一条清晰可辨、动态更新的财务信息流，犹如组织运营的“财务脉搏”，跳动间反映着预算执行的每一个细节。

（二）数据标识与分类

在财务信息化系统这一庞大且复杂的信息处理平台中，对每一笔进入的财务数据进行详细的标识和分类是实现精准跟踪预算执行情况的关键环节。

财务数据来源广泛且种类繁多，涵盖了费用支出、收入确认、资产变动等各个方面。为了能够准确追踪每一笔财务数据与预算执行的关系，财务信息化系统会针对每一笔数据赋予特定的标识信息，并按照一定的规则进行分类。

以一笔费用支出为例，当该笔费用在财务系统中录入时，会被详细标注其所属的预算项目、预算年度、预算类别（如运营费用、项目费用等）等关键信息。除此之外，可能还会标注费用发生的部门、费用的具体用途等辅助信息，以便在后续查询和分析财务信息流时，能够从多个维度进行精准定位和筛选。

通过这种全方位、多层次的标识和分类方式，在查询和分析财务信息流时，就可以根据不同的标识和分类条件快速筛选出与特定预算项目或预算期间相关的财务数据。比如，管理者想要了解某一特定年度内某个项目的所有费用支出情况，只需在财务信息化系统中设置筛选条件为该预算项目名称和预算年度，系统便能够迅速从海量的财务数据中筛选出符合条件的所有费用支出数据，从而实现对该项目预算执行情况的精准跟踪。这种精准跟踪不仅有助于及时发现预算执行过程中的问题，如是否存在费用超支、预算安排不合理等情况，而且能够为后续的预算分析和调整提供准确的依据。

（三）实时数据更新与展示

财务信息化系统具备强大的实时数据更新功能，这一功能确保了财务信息流能够时刻反映最新的预算执行情况，如同为管理者和相关人员提供了一扇实时观察预算执行动态的“窗口”。

在组织的日常运营过程中，业务活动不断开展，财务数据也随之持续产生和变化。财务信息化系统会实时捕捉这些变化，并及时将新的数据更新到系统中，使得财务信息流始终保持最新状态。例如，当一笔新的收入到账时，财务系统会立即更新收入预算执行数据，准确反映出当前的收入情况以及与预算目标的差距。当发生一笔费用支出时，同样会即时更新相关的费用预算执行数据，显示出费用支出对预算的影响程度。

同时，为了方便管理者和相关人员直观地查看财务信息流，系统还会通过各种直观的图表、报表等形式将其展示出来。其中，通过仪表盘形式展示各个预算项目的执行进度是一种极为常见且有效的展示方式。在仪表盘上，每个预算项目都有对应的展示区域，用不同颜色标识出预算执行正常、超支或节余的情况。例如，绿色可能表示预算执行正常，即实际执行情况与预算安排相符；黄色表示预算执行稍有偏差，可能存在轻微超支或节余情况；红色则表示预算执行出现较大偏差，如严重超支或节余过多等情况。

除了仪表盘，系统还可能提供其他形式的图表，如柱状图用于对比不同预算项目之间的执行进度或费用支出情况。折线图用于展示某个预算项目在一段时间内的执行进度变化趋势等。这些直观的图表和报表能够让使用者在短时间内一目了然地掌握预算执行的整体态势，快速了解各个预算项目的关键信息，如执行进度、是否超支、超支多少等。这不仅有助于管理者及时做出决策，采取相应的措施来调整预算执行情况，而且方便相关人员对预算执行情况进行日常监督和沟通交流，促进组织内部在预算执行方面的协同合作，确保预算目标的最终实现。

第二节　利用信息化手段对预算执行偏差的实时监控与预警

一、预算执行偏差的界定与影响

（一）界定

在财务信息化环境下，预算执行偏差作为一个关键指标，精准地反映了预算执行过程中实际发生的财务数据与预先设定的预算计划数据之间的偏离程度。它涵盖了多种具体表现形式，从费用支出方面到收入达成情况等各个维度，全面刻画了预算执行的实际状况与预期规划之间的差异。

就费用支出而言，当实际发生的费用超出了预算计划所设定的额度，便出现了超支偏差。例如，某部门在季度预算中精心规划了办公费用预算为10000元，这一预算额度是基于对该季度办公物资采购、设备租赁、水电费等各项办公相关开销的预估而设定的，然而在实际执行过程中，随着季度的推进，截至季度末实际支出竟然达到了12000元，这多出的2000元清晰地表明出现了费用超支偏差。这种超支情况可能源于多种因素，比如办公用品市场价格的意外上涨，使得原本按照预算价格采购的物资实际花费超出预期；或者是办公设备突发故障，维修费用超出了正常的预算范围；再或者是部门在日常办公活动中存在一些不必要的浪费行为，导致各项费用累加起来超出了预算设定。

反之，当实际支出低于预算计划额度时，就形成了费用节余偏差。比如，另一个部门同样设定了某项目的宣传费用预算为8000元，但在实际执行过程中，由于宣传渠道的选择、宣传活动的开展效果等因素影响，最终实际支出仅为6000元，出现了2000元的费用节余偏差。

（二）影响

1. 对财务状况的影响

预算执行偏差对财务状况有着直接且显著的影响。在支出方面的偏差，如办公用品采购、设备购置等费用超支，会直接消耗更多的资金，可能导致在后续其他必要项目或日常运营开支方面面临资金紧张的局面。例如，若因办公设备购置超支，使得原本预留用于员工培训的资金不得不相应减少，进而影响员工专业素养的提升和整体业务能力的发展。

在收入方面的偏差，比如项目经费收入未达预期，会影响资金来源的稳定性。对于一些依赖特定项目拨款维持运营的组织，收入偏差可能意味着无法按计划开展后续相关业务活动，甚至可能影响正常运转。

2. 对业务开展的影响

预算执行偏差给业务开展带来了诸多不便和挑战。当出现支出偏差且超支情况较为严重时，可能会导致原本计划用于开展重要业务活动的资金短缺，从而不得不削减或推迟相关业务活动。

业务活动范畴的偏差也会影响业务开展的连贯性和效果。以某卫生机构为例，若原本预算用于开展社区卫生服务宣传活动的资金被挪用于购置医疗设备，虽然医疗设备的购置可能也有其必要性，但这会使得社区卫生服务宣传活动无法按计划进行，影响了居民对卫生健康知识的获取和对服务的了解，进而不利于履行公共服务职能。

3. 对内部管理的影响

预算执行偏差在内部管理方面也会引发一系列问题。首先，它会影响员工的工作积极性和责任感。当员工得知所在部门或负责的业务活动频繁出现预算执行偏差，尤其是超支偏差时，可能会担心自身工作绩效受到影响，从而在工作中变得过于谨慎，甚至可能出现消极怠工的情况，这不利于业务的高效开展。

其次，预算执行偏差会破坏内部的沟通与协作。例如，财务部门与业务部门之间，如果业务部门在预算执行过程中出现偏差，财务部门可能质疑业务部门，而业务部门则可能会抱怨财务部门制定的预算不合理，这就容易引发部门之间的矛盾和冲突，影响内部的和谐氛围和协作效率。

最后，预算执行偏差不利于建立有效的绩效考核体系。因为预算执行情况往往是衡量部门或员工绩效的重要指标之一，如果偏差频繁出现且得不到有效控制，就难以准确评估部门或员工的真实绩效，从而无法实现公平、合理的绩效评价和激励机制，影响内部管理的公正性和有效性①。

二、信息化手段在监控与预警中的作用

（一）实时数据采集与分析

在当今数字化时代，信息化手段在预算执行偏差的监控与预警方面发挥着基础性且至关重要的作用，其中实时数据采集与分析更是这一过程的核心环节。

财务信息化系统凭借其强大的功能和广泛的覆盖范围，能够实现对预算执行过程中涉及的海量财务数据的实时采集。这些数据来源丰富多样，涵盖了组织内各个预算项目的方方面面，包括但不限于收入的每一笔到账情况、各项支出的具体发生明细、资产的增减变动以及相关的财务核算信息等。

① 王川．科研单位实施预算绩效管理的对策研究 [J]. 财会学习，2024(28):25-27.

以一个大型组织为例，其业务活动繁杂，涉及众多部门和不同类型的预算项目。财务信息化系统就如同一张精密的大网，能够精准且不间断地捕捉到每一个与预算执行相关的数据节点。

通过先进的数据分析技术，如数据挖掘、专业的数据分析软件以及内置的智能算法等，对采集到的这些实时数据进行深度剖析和快速处理。数据挖掘技术能够从海量的数据中发现隐藏的模式和规律，帮助挖掘出可能影响预算执行偏差的潜在因素。数据分析软件则提供了丰富的分析工具和模型，可对不同预算项目的数据进行分类、汇总、对比等操作，以便准确计算出每个预算项目的执行偏差情况。

例如，财务信息化系统可以每隔一小时采集一次各部门的费用支出数据，这种高频次的采集确保了数据的及时性和完整性。随后，通过内置的分析算法，系统会将采集到的实际费用支出数据与预先设定的预算计划数据进行一一比对，精确计算出偏差值。这个偏差值不仅能反映出费用支出是超支还是节余，还能具体量化出超支或节余的程度。而且，系统会及时将这些分析结果反馈给相关人员，如部门负责人、财务管理人员等，使他们能够第一时间了解到预算执行的实时状况，从而为后续的决策和调整提供有力依据。

（二）设置预警阈值与规则

在财务信息化系统的监控与预警机制中，设置合理的预警阈值与规则是实现精准监控和有效预警的关键所在。

预警阈值是根据组织的实际情况和管理要求精心设定的，它代表着当预算执行偏差达到一定程度时触发预警的临界值。不同的预算项目由于其性质、重要性以及对组织运营的影响程度各异，所设定的预警阈值也会有所不同。

对于费用支出项目而言，考虑到费用的控制对于组织资金流和成本管理的重要性，通常会设定相对较为严格的预警阈值。这样的设置有助于及时发现费用支出可能出现的失控情况，以便相关人员能够迅速采取措施进行调整，避免费用超支问题进一步恶化。

对于收入方面，由于其直接关系到组织的盈利状况和业务发展，同样需要设置合理的预警阈值。但与费用支出项目不同的是，收入项目更关注的是未达标的情况，所以可以设定当偏差低于预算的 20% 时触发预警。

除了设置预警阈值，还可以根据组织的具体需求和管理精细度设置不同的预警规则。例如，连续出现三次偏差超过阈值时发出高级别预警等。这种规则的设置进一步增强了预警的针对性和有效性。以费用支出为例，如果某部门连续三个月的费用支出偏差都超过了设定的阈值，这可能意味着该部门在费用管理方面存在较为严重的问题，此时发出高级别预警能够引起更高层级管理人员的重视，促使他们深入调查原因并采取更为严厉的整改措施。

通过这些细致的预警阈值和规则的设置，财务信息化系统能够依据实际情况自动判断是否需要发出预警信号，极大地提高了监控的准确性和及时性，使得组织能够在预算执行偏差刚刚出现端倪时就及时察觉并作出反应，有效避免因预算执行偏差过大而给组织带来严重的负面影响。

（三）多渠道预警通知

一旦预算执行偏差触发了预警条件，财务信息化系统通过多渠道预警通知的方式，确保相关人员能够及时收到预警信息，从而迅速作出反应，这是整个监控与预警机制中不可或缺的一环，直接关系到能否及时对预算执行偏差进行处理。

当预算执行偏差达到设定的预警阈值或满足特定的预警规则时，财务信息化系统会立即启动多渠道预警通知机制。这些渠道包括但不限于电子邮件、短信、系统内部消息等，它们各有特点且相互补充，共同构成了一个全方位的预警通知网络。

以某部门的费用支出超支触发预警为例，系统会首先向该部门负责人发送电子邮件。电子邮件作为一种较为正式且详细的通知方式，能够清晰地告知部门负责人费用超支的具体情况，包括超支的金额、涉及的预算项目、超支发生的时间段等详细信息。这使得部门负责人能够全面了解问题的严重性，以便在第一时间做出初步的判断和决策，如是否需要立即召集部门人员开会讨论费用控制问题等。

同时，系统也会在系统内部给财务管理人员发送消息。对于财务管理人员来说，他们需要及时掌握所有部门的预算执行偏差情况，以便从整体上把控组织的财务状况。系统内部信息的传递速度快，能够让财务管理人员迅速得知某部门费用超支的信息，进而可以结合其他部门的预算执行情况进行综合分析，判断这一超支情况是否会对组织的整体财务状况产生影响，以及是否需要采取进一步的措施，如调整其他部门的预算分配等。

此外，根据组织的设置和相关人员的需求，还可能通过短信的方式向其他相关人员发送预警通知。比如，在有重大项目的预算执行偏差的情况时，可能会向项目负责人、分管领导等发送短信通知，以便他们能够在不方便查看电子邮件或系统内部信息的情况下，也能及时得知重要信息并作出反应。

这种多渠道预警通知方式充分考虑了不同人员的工作习惯和信息获取需求，确保了无论相关人员身处何种工作环境，都能够及时收到预警信息，从而能够迅速作出反应，对预算执行偏差进行及时的调查、分析和处理，维护组织财务状况的稳定和预算执行的正常秩序。

三、应对预算执行偏差的后续措施

（一）偏差分析与原因查找

收到预警通知后，相关人员须即刻着手对预算执行偏差深入剖析，探寻其根源。这是后续有效应对的关键前提，涉及多方面的细致排查。

对业务流程的重新审视不可或缺。业务流程贯穿组织各项活动，任一环节的变动或不畅都可能影响预算执行。要从起始到结尾逐一梳理，查看各步骤是否按计划执行，环节衔接是否顺畅、操作是否规范。比如某项目物资采购支出超预算，就得深入检查采购流程，看是否因审批复杂延误时机，致市场价格波动增加成本；或验收把关不严，使不合格物资进入，引发退换货额外费用，从而导致偏差。

市场环境的重新评估同样关键。市场环境复杂多变，其需求波动、竞争对手策略调整、原材料价格起伏等，都可能冲击预算执行。出现偏差时，要考量是否因市场需求突变致业务量未达预期，影响收入预算。

预算编制的准确性检查也不容忽视。预算编制是执行的蓝图，其准确与否直接关乎执行效果。要核查编制依据的数据是否可靠、方法是否科学、指标设定是否符合实际。如编制费用预算时，若未充分考虑所有可能支出项目或对费用标准估计不准，实际执行就可能超支。像编制人员费用预算，没考虑加班、奖金发放等情况，业务繁忙时这些费用增加，便会超出预算。

通过对这些方面及其他相关因素的全面排查，才能精准找出偏差原因，为后续应对提供依据。

(二) 调整预算执行计划

若偏差分析表明预算执行计划需调整，就得及时且审慎为之。调整要依具体情况，综合多因素，采取合理方式，确保能适应新形势。

明确调整范围很重要。是全面调整还是局部针对出现偏差的项目或环节，取决于偏差严重程度及对整体执行的影响范围。若只是局部项目费用支出偏差且影响小，可对该项目后续费用预算适度调整，如压缩非必要开支或重排项目进度；若偏差涉及多重要项目且影响大，如收入大幅未达标致资金紧张影响多项目推进，可能需全面调整执行计划，重新规划资源分配、进度安排及收入、费用预算等。

调整方式要灵活确定。对于费用预算，可从控制支出源头入手。如办公用品费用超支，可通过集中采购、与供应商重新谈判争取优惠价格等降低采购成本，进而调整预算。对于收入预算，若因市场需求未达预期致收入减少，可拓展新市场渠道、推出新产品或服务、加强营销推广等来增加收入来源，调整收入预算。同时，调整时要注意保持预算平衡，确保收入与费用合理匹配，避免新偏差。

总之，调整预算执行计划需谨慎，要结合分析结果与实际情况，选合适方式，保障执行顺利，实现目标。

(三) 反馈与持续改进

采取应对措施后，反馈与持续改进工作至关重要。这既能让相关部门和人员了解情况，又能汲取经验教训，完善预算管理流程，避免类似偏差再发生。

要及时将处理结果反馈给相关部门，包括财务、业务执行、监督管理等部门。财务部门可据反馈分析偏差对财务状况影响，用于后续财务规划。业务执行部门能知晓自身问题，加以改进。监督管理部门可评估监控和预警机制有效性，进一步完善。

把此次偏差及处理过程当案例，持续改进预算管理流程。若发现预算编制环节有问题，下次编制时可加强市场调研、提高准确性等。若业务流程有问题，可优化流程，消除不合理环节，提高效率和规范性。如因审批手续复杂致偏差，可简化审批流程。

此外，持续改进还体现在完善监控和预警机制上。根据此次处理发现的问题，如预警阈值设置、多渠道预警通知情况等，对机制调整优化。若预警阈值过低致频繁预警，可适当提高。若通知有延迟或遗漏，可优化设置，确保通知及时、准确传达。

第八章 财务信息化与预算管理中的成本控制策略

第一节 成本控制在财务信息化与预算管理中的重要性

一、成本控制对资源利用效率的提升作用

在当今复杂多变且竞争激烈的社会经济运行体系中，各类组织机构都在不懈探寻实现可持续发展与卓越运营的有效路径，而成本控制无疑是其中的核心要素之一。它宛如一座明亮的灯塔，在资源配置的茫茫大海中为组织机构指引方向，助力其驶向资源利用效率最大化的彼岸。与此同时，财务信息化浪潮正以前所未有的汹涌态势席卷而来，为成本控制这一关键职能注入了强大动力，使其在组织机构运营管理中发挥出更为深远和关键的影响力。

（一）传统成本核算的困境与挑战

在财务信息化尚未充分普及的往昔岁月里，组织机构在成本核算领域可谓是荆棘满途，面临着诸多严峻的困境与挑战。以大型项目的实施为例，当时的成本核算主要依赖于人工手动记录以及初级的电子表格工具进行数据处理，这种方式恰似在昏暗无光的隧道中艰难摸索，充满了不确定性和风险。

在材料采购成本核算环节，由于人工操作的固有局限性，数据的准确性和及时性大打折扣。例如，在一个规模宏大的基础设施建设项目中，采购部门需与众多供应商频繁对接，涉及海量的材料采购订单信息。人工记录这些信息时，极易因疏忽、疲劳或工作繁忙而出现遗漏或错误。当市场上钢材、水泥等主要材料价格因供需关系、宏观经济政策或国际市场波动而发生变动时，人工记录往往难以及时捕捉并反映这些变化。这就导致成本预估严重偏离实际情况，使项目预算失去了应有的准确性和前瞻性。在实际操作中，可能出现采购部门按照过时的价格信息进行成本估算并制定采购计划，而当实

际采购时才发现价格已大幅上涨，从而使项目成本瞬间失控，给项目的整体经济效益带来巨大冲击。

同样，在间接成本的分配方面，传统方法更是捉襟见肘。像设备折旧、场地租赁费用、水电费等间接成本的分摊，往往缺乏科学合理的依据，只能采用较为粗略的平均分摊或简单比例分摊方式。以一个文化活动的举办为例，其筹备和执行过程涉及场地布置、设备租赁、人员组织等多个环节，这些环节都会产生间接成本。在计算活动成本时，若简单地按照参与人数或活动时长进行间接成本分摊，必然无法准确反映各环节实际消耗的资源情况。这可能导致某些环节承担了过多的间接成本，而另一些环节则分摊不足，使得成本数据严重失真。这种不准确的成本信息会误导组织机构管理层在活动策划、资源调配以及预算决策等方面的判断，进而影响活动的质量和效果以及组织机构的资源利用效率①。

(二) 财务信息化下成本核算的革新与突破

然而，随着信息技术的飞速发展，财务信息化如同一股强劲的春风，彻底吹散了传统成本核算的阴霾，为成本核算带来了前所未有的革新与突破。如今，专门针对项目管理和成本核算开发的各类软件如雨后春笋般涌现，它们凭借强大的数据处理能力和智能化功能，使成本核算工作发生了翻天覆地的变革。

在材料采购成本核算方面，先进的项目管理软件能够与组织机构的采购系统、供应商管理系统以及市场数据平台实现无缝对接，构建起一个实时、高效的数据交互网络。当采购部门下达一笔材料采购订单时，系统会自动记录订单的详细信息，包括供应商的名称、联系方式、信誉评级，采购材料的种类、规格、数量、单价、运输方式、预计到货时间，以及运输费用等。并且，系统会通过与市场数据平台的连接，实时获取该材料在国内外各大市场的最新价格走势信息。一旦市场价格发生波动，系统会立即触发预警机制，并自动调整成本核算数据，确保成本预估始终与市场实际情况紧密贴合。例如，在一个艺术展览项目中，需要采购大量的展览展示材料，如特制的展架、灯光设备等。借助财务信息化系统，组织机构能够实时监控相关材料市

① 孙士侠．财务一体化建设促进财务管理转型的研究 [J]. 中国总会计师，2020(7):32–34.

场的价格变化，当某种材料因原材料供应短缺或工艺改进而出现价格波动时，能够迅速作出反应，调整采购计划和成本预算，有效避免了因价格波动而带来的成本风险。

在间接成本分配领域，财务信息化系统引入了先进的作业成本法（ABC）理念，并通过强大的算法和数据处理功能将其付诸实践。作业成本法以作业为核心，将间接成本按照作业的消耗情况分配到各个产品或服务中。以一个科研项目为例，其研究过程涉及实验设计、数据采集、数据分析、报告撰写等多个作业环节。财务信息化系统会根据每个作业环节所消耗的资源，如实验设备的使用时间、科研人员的工作时长、数据存储的空间占用等，精确计算出各作业环节的成本。然后，再根据不同研究任务在各个作业环节的实际进展情况，将间接成本准确地分摊到每一项研究成果上。例如，对于一项需要大量实验数据支撑且实验设备使用频繁的研究课题，系统会根据其在实验环节的高资源消耗，合理分配更多的间接成本，从而得出该研究课题真实准确的成本信息。这种精细化的间接成本分配方式使得组织机构能够清晰地了解每个产品或服务的真实成本构成，为组织机构制定精准的资源配置策略、优化项目组合以及合理规划预算提供了坚实可靠的数据支撑。

通过财务信息化系统实现的精准成本核算，组织机构管理者犹如拥有了一双洞察入微的慧眼，能够深入项目或业务的每一个细微环节，精准地发现资源浪费的根源所在。无论是某个执行环节中因操作流程不合理导致的材料过度消耗，还是某个部门因管理不善而造成的人力成本虚高，抑或是某项业务流程因烦琐复杂而产生的不必要的时间和精力浪费，都能在精准的成本数据面前无所遁形。这为组织机构开展针对性的成本控制措施提供了明确的方向和靶点，使成本控制工作能够有的放矢、事半功倍。

（三）基于成本核算的预算管理优化与资源重新配置

精准的成本核算仅仅是成本控制的第一步，其最终目的是实现预算管理的优化和资源的合理配置，从而全面提升组织机构的资源利用效率。当通过财务信息化系统揭示出资源浪费的具体情况后，预算管理便能够据此进行及时、有效的调整，使资源从低效的业务环节或领域流向高效的部分，实现资源的优化重组。

例如，在一个教育课程开发项目中，经过成本核算发现某个课程模块的开发环节人力成本严重超支，原因是开发团队采用了较为低效的教学内容组织方式，导致开发周期延长，人员投入过多。基于这一成本核算结果，项目预算管理部门可以对该课程模块的预算进行重新评估和调整。一方面，削减不必要的人力成本预算，通过组织内部培训或邀请外部专家进行指导，提升团队教学内容设计能力，优化开发流程，从而缩短开发周期，降低人力成本消耗；另一方面，将节省下来的预算资金投向项目中其他具有更高教育价值和市场需求的课程模块，如互动性教学环节设计、课程配套资源开发等方面，以提高整个项目的教育质量和社会影响力。这种基于精准成本核算的预算调整策略就像是一位智慧的园丁精心修剪着组织机构资源这棵大树上的枯枝败叶，同时用心培育那些充满生机与潜力的枝芽，使资源得到合理分配和充分利用，最终促进整个项目或组织机构茁壮成长，实现资源利用效率的大幅跃升。

在日常运营管理中，财务信息化同样为资源利用效率的提升提供了有力保障。以办公用品采购管理为例，借助信息化系统，组织机构能够对办公用品的采购全过程进行详细记录和深入分析。系统不仅能够记录每次采购的时间、数量、价格以及供应商信息，还能根据使用部门的领用记录，分析各部门办公用品的实际消耗情况。通过对这些数据的挖掘和分析，很容易发现一些部门存在的办公用品过度采购或浪费现象。例如，某部门每月打印纸张的消耗量远远高于其他部门平均水平，经进一步调查发现，部分员工存在随意打印非工作必需文件、单面打印习惯以及打印错误未及时纠正等问题。针对这些情况，组织机构可以制定一系列科学合理的办公用品管理规范，如倡导双面打印、设置打印权限、推行无纸化办公等，并将这些规范纳入部门绩效考核体系。同时，利用信息化系统对各部门办公用品采购预算进行精细化管理，根据历史消耗数据和实际业务需求，为每个部门制定个性化的采购预算，并实时监控预算执行情况。当某个部门的采购预算接近预警线时，系统自动发出提醒，促使部门负责人加强对办公用品采购的管控。通过这些措施，组织机构能够有效降低办公用品采购成本，提高纸张等资源的利用效率。

在差旅费用管理方面，财务信息化系统同样发挥着不可替代的作用。它能够实时跟踪人员的出差行程，包括出发地、目的地、出行方式、交通费用、住宿酒店、住宿时长以及出差事由等详细信息。通过对这些数据的综合分析，组织机构可以深入了解不同地区、不同季节、不同业务类型下的差旅费用支出规律，并发现其中存在的不合理支出情况。例如，某些人员在出差时经常选择超出组织机构差旅标准的高档酒店，或者在非繁忙时段预订高价机票而未选择性价比更高的出行方案。针对这些问题，组织机构可以制定更为详细和严格的差旅费用标准和报销制度，明确规定不同地区、不同级别人员的住宿标准、交通方式选择范围以及机票预订规则等。

同时，组织机构还可以借助信息化系统与旅行社、在线旅游平台等合作，获取更多的差旅优惠资源，如团购机票、协议酒店优惠价格等。通过这些措施，组织机构能够在保证人员出差工作效率和质量的前提下，有效控制差旅费用支出，提高差旅资源的利用效率。

二、成本控制对公共服务质量与效益的促进作用

在公共服务的广袤领域中，成本控制绝非一种狭隘的、单纯以削减开支为目的的手段，而是在有限且珍贵的预算资源框架约束之下，借助科学合理且富有创新性的管理策略与方法，全力实现公共服务质量与效益的双重维度提升，这无疑构成了财务信息化与预算管理深度融合、协同作用的关键使命与核心价值追求之一。

(一) 成本控制驱动服务流程优化

在传统的公共服务供给范式下，由于严重缺失对成本要素的精细化、精准化管理与把控，服务流程往往深陷于烦冗复杂且价值含量较低的诸多环节之中，犹如一条蜿蜒曲折却充满荆棘的道路，给服务的提供者与接受者都带来了诸多不便与困扰。

以某大型综合性公共图书馆为例，在过去的运营模式中，读者借阅图书需要历经多个烦琐的步骤。首先，必须在图书馆入口处的服务台排队办理借阅卡注册或验证手续，这一过程往往需要耗费读者大量的等待时间，尤其是在借阅高峰期，队伍常常蜿蜒曲折，读者们的耐心在漫长的等待中被逐渐消

磨。完成借阅卡相关手续后，若要查找所需图书，读者需在庞大而复杂的书架阵列中自行穿梭寻觅，由于图书馆馆藏丰富、分类繁多，这一过程对于许多读者来说无异于一场艰难的“寻宝之旅”，常常耗费大量的时间与精力却未必能够如愿以偿。好不容易找到心仪的图书后，读者又需前往借阅办理区域再次排队等待工作人员进行借阅登记操作，而在归还图书时，同样需要重复类似的排队流程。

这种传统的借阅服务流程不仅极大地考验着读者的耐心与时间成本，也使得图书馆在人力运营方面投入了大量的资源。图书馆需要在各个服务节点安排充足的工作人员以应对读者的需求，这无疑增加了人力成本的支出。同时，大量的纸质借阅记录表格、排队引导标识等物料的使用，也在一定程度上增加了管理成本。从成本控制的视角深入剖析这一服务流程，不难发现其中存在着诸多可优化的空间与潜在的资源浪费节点。

随着财务信息化浪潮在公共服务领域的深度渗透，图书馆借助先进的信息技术手段对借阅服务流程中的各个环节展开了全面而细致的成本分析。通过引入智能化的图书馆管理系统，实现了借阅卡注册与验证的自助化服务，读者只需在自助终端设备上按照简洁明了的操作提示，输入个人信息并完成身份验证，即可快速办理借阅卡相关事宜，大大缩短了排队等待时间，同时减少了人工服务窗口的工作量与人力成本投入。

在图书检索与定位方面，系统利用数字化的图书目录数据库与智能导航技术，读者可以通过图书馆官方网站或馆内的电子查询终端，输入图书名称、作者、关键词等信息，系统便能迅速、精准地定位图书所在的书架位置，并提供详细的导航路线图，使得读者能够在最短的时间内找到所需图书，有效提升了图书查找效率，减少了读者在馆内的无效走动与时间消耗，同时降低了因读者盲目寻找图书而可能导致的书架混乱整理成本。

在借阅登记与归还环节，自助借阅设备的引入更是实现了质的飞跃。读者只需将借阅卡与所选图书放置在自助借阅设备的感应区域，设备便能自动识别图书信息并完成借阅登记操作，整个过程仅需数秒即可完成，归还图书时同理。这一创新举措不仅极大地提高了借阅服务的效率与便捷性，显著提升了读者的借阅体验与满意度，同时使得图书馆能够将节省下来的人力、物力资源重新配置到其他更具价值与意义的服务提升环节。例如，图书馆可以利用这些资源加强图书采购与更新力度，确保馆藏资源能够更好地满足读者日益增长的知识文化需求；或者加大对阅读推广活动、文化讲座、学术交流等服务项目的投入，丰富图书馆的文化服务内涵与品质，从而在整体上实现公共服务质量与效益的显著提升。

（二）成本控制助力资源配置优化

在公共服务资源分配的复杂版图中，尤其是在公共教育这一关乎民族未来与社会发展基石的关键领域，成本控制借助财务信息化的强大力量宛如一把精准的天平，能够对教育资源进行更为科学合理、均衡高效的配置与调节，从而实现教育资源投入与产出效益的最大化平衡。

以某地区的教育资源分配格局为例，在未充分实施成本控制与财务信息化管理之前，教育资源的分配往往缺乏精准的依据与科学的规划，呈现出一定程度的盲目性与不均衡性。一方面，一些传统的优势学科由于历史积淀深厚、师资力量雄厚且教学设施相对完备，在资源分配过程中往往占据主导地位，持续获得大量的财政预算支持与资源投入。然而，随着时代的发展与社会需求的演变，部分传统学科的社会需求与学生受益面逐渐趋于稳定甚至有所下降，但资源投入却未能及时作出相应的调整与优化，导致资源的相对过剩与浪费。

另一方面，一些新兴学科领域，如人工智能、大数据科学、新能源技术等，尽管它们代表着未来科技发展的前沿方向，具有巨大的社会需求潜力与学生发展空间，但由于初期建设成本高昂，需要购置大量先进的实验设备、引进专业的师资人才以及更新配套的教材教具等，使得其教学成本相对较高。在资源有限且分配机制不够完善的情况下，这些新兴学科往往难以获得足够的资源支持，发展受到严重制约，无法满足社会对创新型、复合型人才培养的迫切需求。

财务信息化的深度介入为这一困境带来了转机与突破。通过构建全面覆盖教育教学各个环节的财务信息管理系统，能够对不同学科课程的教学成本进行精细化核算与深入分析。对于传统学科，系统详细记录并分析其教师薪酬支出、教材教具的更新频率与费用、教学设施的日常维护与使用成本等多维度数据，并结合学生的选课人数、学业成绩提升情况、毕业后的就业去向与职业发展等效益指标进行综合评估。例如，通过数据分析发现某传统文科专业虽然师资力量强大，但近年来学生报考人数持续下滑，且毕业后从事专业相关工作的比例较低，而教学资源投入却依然维持在较高水平。基于这样的成本效益分析结果，教育管理部门可以适度调整对该专业的资源投入策略，在保障基本教学质量的前提下，合理减少一些非关键环节的资源配置，如减少部分低利用率教材的采购量、优化师资队伍结构以提高人力资源效率等，并将节省下来的资源向更具发展潜力与社会需求的学科领域倾斜。

对于新兴学科，财务信息系统则重点关注其成本结构中的关键要素，如实验设备的共享利用效率、教材教具的创新性与性价比等方面。基于财务信息化的成本分析结果，教育管理部门在预算分配时能够更加精准地把握新兴学科的发展需求与资源瓶颈，加大对新兴学科的资源投入力度，如设立专项建设资金用于购置关键实验设备、引进高端师资人才等，确保新兴学科能够在良好的资源支持环境下茁壮成长，为社会培养出更多适应时代发展需求的创新型人才，从而实现教育资源在不同学科领域之间的优化配置与均衡发展，最大限度地提升公共教育服务的整体质量与社会效益。

（三）成本控制推动公共服务创新

在公共服务的创新发展征程中，以成本控制为内在驱动力、以财务信息化为技术支撑的管理模式变革，正如同强劲的引擎，有力地推动着公共服务运营主体积极探索全新的服务模式与业态，不断拓展公共服务的边界与内涵，为社会公众带来更为丰富多元、高效便捷的服务体验。

以公共体育服务领域为例，在传统的体育场馆运营模式下，大多数体育场馆主要依赖于固定的开放时间与服务项目，面向社会公众提供一般性的体育锻炼场地租赁服务，如篮球馆、羽毛球馆、游泳馆等按小时计费的场地出租。这种单一的运营模式不仅使得体育场馆的资源利用率较低，尤其是在非高峰时段，大量场地设施闲置，造成了资源的极大浪费，同时难以满足社会公众日益多样化、个性化的体育健身需求。

随着成本控制理念在体育场馆运营管理中的深入贯彻以及财务信息化技术的全面应用，场馆运营方开始对传统运营模式进行深刻反思与创新探索。通过对场馆运营成本的精细化分析，包括场地设施维护成本、人员管理成本、水电能源消耗成本等各个方面，发现不同时间段、不同服务项目的成本结构与收益情况存在显著差异。例如，在工作日的白天时段，由于大多数居民和上班族忙于工作或学习，体育场馆的使用率较低，但场馆的基本运营成本，如照明、空调系统运行、人员值班等费用却依然持续支出；而在周末或晚上的高峰时段，虽然场馆人气旺盛，但由于场地资源有限，常常出现供不应求的局面，同时高峰时段的高强度使用也加速了场地设施的磨损与消耗，增加了维护成本。

基于这些成本分析数据，场馆运营方借助财务信息化系统的强大功能，开始尝试推出一系列创新服务模式。

首先，针对非高峰时段的资源闲置问题，推出了会员制优惠套餐与特色体育培训课程相结合的服务模式。例如，推出针对老年人的上午时段太极拳、健身操培训课程套餐，以及针对青少年学生的下午放学后的体育兴趣特长培训课程套餐，如足球、篮球、舞蹈等专项训练课程，并给予会员在非高峰时段场地使用的优惠折扣。通过这种方式，不仅有效提高了非高峰时段体育场馆的利用率，增加了运营收入，同时满足了不同年龄段人群的体育健身与技能学习需求，丰富了公共体育服务的内涵与形式。

其次，在高峰时段，为了提高场地资源的利用效率与服务质量，场馆运营方利用信息化技术实现了场地预订的智能化管理。公众可以通过手机应用程序或官方网站提前预订心仪的场地与时间段，并实时查询场地使用情况与剩余可预订资源。同时，场馆内配备了智能化的设施设备管理系统，能够根据场地使用情况自动调节照明、空调等设备的运行功率，实现能源的精准控制与节约。

最后，为了提升观众与参与者的观赛体验与互动性，一些大型体育场馆还在赛事活动期间引入了虚拟现实（VR）、增强现实（AR）等高科技互动体验项目，并通过与赞助商、广告商的合作，实现了商业运营与公共服务的有机融合，在增加运营收入的同时，为公众带来了全新的体育文化体验。

这些创新服务模式的成功实践充分彰显了成本控制与财务信息化在推动公共服务创新方面的巨大潜力与积极作用。通过深入分析运营成本结构、精准把握市场需求与资源利用效率之间的关系，公共服务运营主体能够在有限的资源条件下，不断挖掘创新潜力，拓展服务边界，为社会公众提供更加优质、高效、多样化的公共服务产品，从而实现公共服务质量与效益的全方位提升，促进公共服务领域的可持续发展与繁荣。

（四）成本控制增强公共服务可持续性

在公共服务的长远发展蓝图中，尤其是在环境保护这一关乎人类命运共同体生死存亡的关键领域，良好且有效的成本控制策略借助财务信息化的精准核算与全程监控能力，恰似坚固耐用的基石，能够为公共服务项目的长期稳定运行与可持续发展奠定坚实基础，确保有限的公共财政资源能够发挥出最大的环境效益与社会效益，为子孙后代守护好绿水青山，构筑起公共服务可持续发展的美好未来。

以城市生活垃圾处理这一典型的环境保护公共服务项目为例，在项目的全生命周期中，从垃圾处理设施的规划建设初期到后续漫长的日常运营管理过程，每一个环节都涉及复杂的成本要素与资源消耗。在传统的管理模式下，由于缺乏对成本的全面把控与精细化管理，往往容易出现项目建设成本超支、运营效率低下、资源浪费严重等问题，从而影响项目的可持续性与环境效益的长期稳定发挥。

在垃圾处理设施建设阶段，财务信息化系统能够对项目的前期规划、工程设计、设备采购、施工建设等各个环节进行详细的成本核算与风险评估。例如，在设备采购环节，系统可以通过对不同供应商提供的垃圾处理设备在性能、质量、价格、售后服务等多方面进行综合比较与分析，结合项目的实际需求与长期运营成本预测，选择性价比最高的设备型号与供应商。同时，在工程施工建设过程中，利用信息化技术对施工进度、质量、成本进行实时监控与动态管理，及时发现并纠正施工过程中的成本超支风险点，如不合理的工程变更、材料浪费等现象，确保项目能够按照预定的预算计划顺利完成建设任务，避免因建设成本失控而给后续运营带来沉重的经济负担。

进入垃圾处理设施的运营阶段，财务信息化更是发挥着不可或缺的作用。系统对垃圾处理过程中的能源消耗、药剂使用、设备维护与更新、人员薪酬等各项运营成本进行全面、精准地记录与分析。例如，通过对不同季节、不同垃圾处理量情况下的能源消耗数据进行分析，发现夏季的垃圾易腐臭且处理难度增加，导致垃圾处理设备运行时间延长，能耗上升。基于这一分析结果，运营方可以采取针对性的节能措施，如优化垃圾处理工艺流程、调整设备运行参数、加强设备维护保养以提高设备运行效率等，降低夏季的能源消耗成本。在药剂使用方面，通过对不同种类垃圾与处理药剂的配比实验与成本效益分析，确定最优化的药剂使用方案，既确保垃圾处理效果达到环保标准，又避免药剂的过度使用造成资源浪费与成本增加。

此外，财务信息化系统还能够对垃圾处理设施的设备维护与更新成本进行长期的预测与规划。根据设备的使用年限、运行状况、维修历史记录等数据，建立设备维护与更新成本模型，提前制定合理的设备更新计划与预算安排。例如，对于一些关键的垃圾处理设备，如焚烧炉、填埋场渗滤液处理设备等，根据其预计的使用寿命与技术更新周期，在设备运行到一定年限后，及时安排资金进行设备升级改造或更新换代，确保垃圾处理设施的长期稳定运行，避免因设备老化故障而导致的运营中断或处理效果下降等问题，从而保障城市生活垃圾处理这一公共服务项目能够在长期内持续有效地发挥其环境净化与资源回收利用功能，为城市的生态环境改善与可持续发展提供坚实的保障。

第二节　利用预算管理优化成本控制的实践路径

在当今复杂多变且资源有限的组织运营环境中，预算管理作为一项关键的管理工具，与成本控制紧密结合，为实现组织的高效运作、资源的优化配置以及可持续发展提供了坚实的保障。通过科学合理地规划预算编制、严谨细致地执行预算以及全面深入地进行预算评估与调整，能够构建起一套完整且有效的成本控制体系，使组织在实现战略目标的道路上稳步前行，同时确保每一项资源的投入都能产生最大的价值回报。

一、预算编制环节的成本控制策略

（一）细化成本控制目标至预算项目

预算编制绝非简单的数字罗列，而是一个精心策划、目标明确的过程。

在这一环节，将成本控制目标细化到各个预算项目是实现精准成本管理的首要步骤。以一个文化活动组织为例，在编制年度预算时，对于办公用品采购这一预算项目，不仅要明确规定采购的预算金额，还要进一步设定成本降低目标。这就促使采购人员在选择供应商、确定采购数量和规格时，充分考虑成本因素，积极寻找性价比更高的产品和服务。

同样，对于活动策划与执行预算项目，根据以往的经验数据和成本核算分析，将其细分为场地租赁、演员薪酬、宣传推广、道具制作等子项目，并为每个子项目设定明确的成本控制目标。例如，场地租赁预算根据不同活动规模和预期观众人数，参考市场行情确定具体金额，并设定一个可接受的价格波动范围；演员薪酬预算则依据演员的知名度、表演经验以及活动的重要性等因素进行合理估算，同时考虑通过与演员经纪公司或演员本人协商，采用灵活的薪酬支付方式，如部分固定薪酬加演出效果奖金等，以在保证演出质量的前提下控制成本。通过这种细致入微的目标细化，使每一个预算项目都成为成本控制的具体靶点，确保预算编制的科学性和合理性。

(二) 依据成本核算与分析确定预算额度

预算额度的确定不能仅凭主观臆断或简单的历史数据参考，而必须建立在精确的成本核算与深入的分析基础之上。借助信息化平台强大的数据处理能力，对过往各项活动或业务的成本数据进行全面梳理和深度挖掘。以一个科研项目为例，在编制预算前，通过成本核算系统详细分析以往类似科研项目在设备购置、实验材料消耗、人员工时投入、科研协作费用等方面的成本数据。

对于设备购置预算，不仅要考虑设备的购买价格，还要综合评估设备的使用寿命、维护成本、技术更新换代的速度以及设备的共享可能性等因素。例如，某类实验设备虽然购买价格较高，但使用寿命长、维护简单且可以在多个科研项目中共享使用，那么在确定预算额度时可以适当提高其购置预算，并合理分摊其成本到各个受益项目中；反之，对于一些使用频率低、技术更新快且维护成本高的设备，则需谨慎评估其购置的必要性，或考虑采用租赁的方式满足实验需求，从而降低总体成本。

在人员工时预算方面，根据以往项目中不同研究阶段、不同研究任务所需的人员工时数据，结合当前项目的研究难度、预期研究周期以及人员的工作效率等因素进行调整和确定。例如，如果当前项目涉及一些新技术、新领域的研究，预计需要更多的前期调研和技术探索时间，那么相应地增加这一阶段的人员工时预算；同时，通过对人员绩效数据的分析，识别出高绩效员工和低绩效员工，在预算分配时，可以适当向高绩效员工倾斜，以激励员工提高工作效率，提高人力资源的利用效率，进而确保预算额度能够准确反映项目实际成本需求，从源头上避免预算过高或过低导致的成本失控问题。

二、预算执行环节的成本控制策略

(一) 信息化系统实时监控成本支出

在预算执行过程中，信息化系统犹如一双敏锐的眼睛，时刻紧盯成本支出的每一个细节，确保预算的严格执行。通过与财务系统、业务运营系统等多个系统的无缝对接，信息化系统能够实时获取各项成本支出的数据信息，并以直观、动态的方式呈现出来。以一个公共服务组织为例，当工作人员提交一笔费用报销申请时，信息化系统立即对该笔费用进行分类识别，判断其所属的预算项目，如差旅费、会议费、设备维护费等，并将其与相应的预算额度进行比对。

如果该笔费用支出导致某项预算项目的累计支出接近或超过预警线，系统会自动发出预警信息，通知相关部门和人员。例如，当某部门的差旅费支出达到预算额度的80%时，系统会向该部门负责人发送预警邮件和短信，提醒其关注差旅费支出情况，及时调整出差计划或采取其他成本控制措施。

同时，系统还能够对成本支出的明细进行深入分析，如对于差旅费支出，能够详细展示每一次出差的目的地、行程安排、交通方式、住宿标准以及费用明细等信息，便于管理者快速了解成本支出的合理性，发现潜在的问题和风险点。

此外，信息化系统还可以通过数据可视化工具，如绘制成本支出趋势图、预算执行进度表等，为管理者提供全面、直观的预算执行情况概览。管理者可以通过这些可视化图表，一目了然地看到各个预算项目的执行进度、成本支出的变化趋势以及与预算目标的偏差情况，从而及时做出决策，调整资源分配或采取其他必要的措施，确保预算执行始终处于可控状态。

（二）超预算或成本异常项目的预警与干预

当信息化系统检测到超预算或成本异常项目时，及时有效的预警与干预机制是保障成本控制目标实现的关键环节。一旦系统发出预警信息，相关部门和人员应立即启动调查程序，深入分析导致成本超支或异常的原因。以一个教育培训机构为例，如果发现某一培训课程的教材印刷成本出现异常增加，可能的原因包括教材内容的频繁修改导致印刷次数增加、印刷供应商的价格调整、印刷数量的不准确预估等。

针对这些可能的原因，组织应迅速采取相应的干预措施。如果是教材内容修改导致的成本增加，可以组织相关人员对教材内容进行重新审核，优化修改流程，减少不必要的修改次数；若是印刷供应商的价格问题，可以与供应商进行谈判，要求其解释价格上涨的原因，并寻求降低价格的解决方案，如增加印刷订单量以换取更优惠的价格，或者考虑更换供应商；对于印刷数量预估不准确的情况，加强与授课教师和市场部门的沟通协作，根据课程招生情况、学员需求以及市场反馈等因素，更加精准地预估印刷数量，避免库存积压或缺货现象的发生，从而降低成本。

在某些情况下，成本超支或异常可能是业务流程不合理或资源配置不当导致的。例如，在一个文化创意项目中，如果发现某个设计环节的人力成本过高，经调查发现是由于设计流程烦琐、重复劳动过多以及人员分工不明确造成的。此时，项目团队应及时对设计流程进行优化，简化不必要的环节，明确各设计人员的职责和任务，提高工作效率；同时，根据项目的实际需求，合理调整人员配置，如增加一些具有综合设计能力的人员，减少单一技能人员的数量，实现人力资源的优化组合，降低人力成本。通过这种及时的预警与针对性的干预措施，能够在预算执行过程中迅速纠正成本偏差，确保成本控制与预算执行协同推进，保障组织的经济效益和运营效率。

三、预算调整环节的成本控制策略

(一) 基于成本效益分析的预算调整依据

在组织运营过程中，由于内外部环境的变化，如市场需求的波动、政策法规的调整、突发事件的发生等，原有的预算计划可能需要进行相应的调整。然而，预算调整绝不能盲目进行，而必须建立在严谨的成本效益分析基础之上。以一个公共交通运营组织为例，当面临燃油价格大幅上涨的情况时，需要考虑调整运营预算。

首先，对燃油成本上涨带来的直接影响进行精确核算，包括每辆车每天、每月的燃油消耗增加量以及由此导致的总成本增加额。

然后，分析不同应对策略的成本效益。一种策略是维持原有的运营线路和车辆调度计划，通过提高票价来弥补燃油成本的增加。在这种情况下，需要评估票价上涨对乘客数量的影响，采用市场调研、数据分析等方法预测乘客的流失率以及由此带来的收入减少情况，同时考虑票价上涨可能引发的社会舆论压力和政府监管风险。

另一种策略是优化运营线路，减少一些客流量较小的线路或调整发车频率，以降低燃油消耗。这就需要对线路调整后的运营成本变化进行详细测算，包括车辆闲置成本、乘客换乘成本、可能影响到的沿线商业利益等因素，同时评估线路调整对乘客满意度和整体服务质量的影响。

通过对这些不同策略的成本效益分析，选择成本最低、效益最大的预算调整方案。例如，如果经过分析发现，通过优化运营线路和适当提高票价相结合的方式，能够在保证一定乘客数量和服务质量的前提下，最大限度地降低燃油成本上涨带来的负面影响，那么就可以据此对运营预算进行调整，合理分配资金用于线路优化、车辆调度调整以及票价调整后的宣传解释工作等方面，确保预算调整后的运营方案能够实现成本控制与服务效益的平衡。

(二) 预算调整的审批与执行流程

为了确保预算调整的严肃性和规范性，组织必须建立一套完善的预算调整审批与执行流程。当某个部门或项目提出预算调整申请时，首先要提交详细的预算调整报告，报告中应包括预算调整的原因、调整的具体项目和金额、调整后的成本效益预测以及对组织整体战略目标的影响等内容。以一个科研项目为例，如果由于实验过程中发现了新的研究方向，需要增加实验设备购置和人员投入，在预算调整报告中应详细说明新研究方向的重要性、与原项目目标的关联性，新增设备的型号、价格、用途以及预计对研究成果的提升作用，新增人员的专业背景、工作职责、薪酬预算以及对项目进度的影响等信息。

预算调整报告提交后，由专门的预算管理委员会或相关决策机构进行审核。审核过程中，委员会成员将综合考虑组织的战略规划、财务状况、资源分配情况以及预算调整申请的合理性和必要性等因素。例如，如果组织当前正处于资金紧张时期，且该科研项目的预算调整申请可能会影响到其他重要项目的资金供应，那么委员会可能会要求项目团队进一步优化调整方案，寻找其他替代方案或争取外部资金支持；如果预算调整申请符合组织的战略发展方向，且具有较高的成本效益比，委员会则会批准该申请。

一旦预算调整申请获得批准，相关部门必须严格按照调整后的预算方案执行。在执行过程中，信息化系统再次发挥重要作用，对调整后的预算执行情况进行实时监控和跟踪，确保各项资金的使用符合预算调整的要求，防止出现预算执行偏差或资金滥用现象。同时，定期对预算调整后的执行效果进行评估，总结经验教训，为今后的预算管理和成本控制工作提供参考依据，不断完善组织的预算管理体系，提高成本控制能力和运营效率[①]。

四、预算考核环节的成本控制策略

(一) 建立成本控制导向的预算考核指标体系

预算考核是预算管理的重要组成部分，它通过对预算执行结果的评价和反馈，激励各部门和员工积极参与成本控制，提高预算管理的有效性。建立一套以成本控制为导向的预算考核指标体系是实现这一目标的关键。以一个生产制造组织为例，考核指标体系应包括直接成本控制指标、间接成本控制指标以及成本效益指标等多个维度。

① 顾哲英．研究型审计在预算执行环节中的应用分析 [J]. 营销界，2024(8):18-20.

直接成本控制指标主要衡量与产品生产直接相关的成本要素，如原材料消耗、直接人工成本等。例如，设定原材料利用率指标，要求生产部门在保证产品质量的前提下，尽可能提高原材料的利用率，减少浪费。通过实际原材料利用率与预算利用率的对比，考核生产部门在原材料成本控制方面的绩效；对于直接人工成本，采用单位产品人工成本指标，即计算生产单位产品所消耗的人工工时和薪酬成本，与预算标准进行比较，考核人工成本的控制效果。

间接成本控制指标则关注那些与生产过程间接相关但对总成本有重要影响的成本项目，如设备折旧、水电费、管理费用等。例如，设备折旧费用可以通过设备综合利用率指标进行考核，设备综合利用率越高，单位产品所分摊的折旧成本就越低；水电费可以根据单位产品能耗指标进行考核，鼓励生产部门采取节能措施，降低能源消耗成本；管理费用可以按照管理费用占销售收入的比例进行考核，促使管理部门优化管理流程，提高管理效率，降低管理成本。

成本效益指标则从整体上评估组织在成本控制与经济效益创造方面的表现。例如，成本利润率指标通过计算利润与成本的比值反映组织每投入一元成本所获得的利润水平，该指标越高，说明组织的成本控制效果越好，经济效益越高；还可以采用投资回报率指标评估组织在固定资产投资、研发投入等方面的成本效益情况，引导组织合理配置资源，提高投资效益。通过这些多维度的考核指标体系，全面、客观地评价各部门和员工在成本控制方面的工作绩效，为奖惩机制的实施提供有力依据。

（二）预算考核结果的应用与激励机制

预算考核结果的有效应用是激发组织内部成本控制动力的重要手段，而建立合理的激励机制则是确保考核结果能够发挥作用的关键。当预算考核结果确定后，组织应及时将考核结果反馈给各部门和员工，并根据考核结果进行相应的奖惩。对于在成本控制方面表现优秀的部门和员工，给予物质奖励和精神奖励。物质奖励可以包括奖金、绩效工资提升、晋升机会优先考虑等；精神奖励可以通过公开表彰、颁发荣誉证书、在组织内部宣传推广其成本控制经验等方式进行。

例如，某生产车间通过优化生产工艺、加强员工培训和管理，在原材料成本控制方面取得了显著成绩，原材料利用率超出预算目标10%，单位产品原材料成本降低了8%。组织可以对该车间给予一定金额的奖金奖励，同时在全组织范围内召开表彰大会，授予该车间“成本控制优秀车间”荣誉称号，并邀请车间负责人分享成本控制经验，供其他部门学习借鉴。这种激励措施不仅能够提高获奖部门和员工的积极性和荣誉感，还能够在组织内部营造良好的成本控制氛围，激发其他部门和员工的竞争意识，促使他们积极寻找成本控制的方法和途径，提高组织整体的成本控制水平。

相反，对于未能完成成本控制目标的部门和员工，组织应进行适当的惩罚。惩罚措施可以包括扣减奖金、绩效工资下调、警告、培训教育等。例如，如果某部门的管理费用超出预算15%，且经分析是管理不善、浪费严重导致的，组织可以对该部门负责人进行警告谈话，并扣减部门一定比例的奖金，同时要求该部门制定详细的成本改进计划，参加组织内部的成本管理培训课程，提高成本控制意识和能力。通过这种奖惩分明的激励机制，使预算考核结果真正成为推动组织成本控制工作不断前进的动力源泉，确保组织在激烈的市场竞争或社会服务竞争中始终保持成本优势，实现可持续发展。

第九章　财务信息化与预算绩效评估与优化

第一节　构建财务信息化与预算绩效评估体系的指标与方法

一、评估体系指标的确定

在各类组织的运行管理中，构建科学合理的财务信息化与预算绩效评估体系至关重要，它能够全面、准确地衡量组织在预算执行及相关业务开展方面的成效。对于我们所关注的这类组织而言，以下这些指标在评估体系中扮演着关键角色。

（一）财务指标

1. 预算完成率

预算完成率是衡量组织在预算执行过程中实际完成预算情况的重要指标。对于我们所讨论的组织，其开展的各项活动都有预先规划好的预算安排，比如各类项目的开展、日常运营开销等。预算完成率通过将实际完成的预算金额与计划预算金额进行对比得出。若实际完成金额与计划金额相符或超出，说明在预算执行方面达到了预期甚至表现出色；反之，若实际完成金额低于计划金额，可能意味着在预算执行过程中遇到了一些问题，如项目推进受阻、费用控制不当等，需要进一步深入分析原因。例如，在组织开展的一项大型活动中，计划预算为 50 万元用于活动的场地租赁、设备购置、人员安排等各项开支，活动结束后经核算实际花费 45 万元，那么此次活动的预算完成率为 90%，这就需要去探究为何没有达到 100% 的预算完成，是因为某些环节节省了开支，还是存在未充分开展的业务内容。

2. 成本控制率

成本控制率反映了组织在各项业务活动中对成本把控的能力。在组织的运行过程中，无论是物资采购、服务外包还是内部资源调配等，都会产生成本支出。成本控制率的计算是由（预算成本－实际成本）÷ 预算成本 ×100% 得出。一个良好的成本控制率意味着组织能够在保证业务正常开展的前提下，有效地控制成本，避免浪费。以组织的物资采购为例，若某类常用物资预算采购成本为 10 万元，通过合理的采购渠道选择、谈判技巧运用等，实际采购成本为 8 万元，那么成本控制率为（10－8）÷ 10 × 100%=20%，这表明在该物资采购环节实现了较好的成本控制，节省了资源，可以将节省下来的部分用于其他关键业务环节或项目推进。

3. 收入达成率

收入达成率主要针对组织有收入来源的相关业务而言。虽然组织的收入模式同样存在诸如服务收费、项目合作收入等形式。收入达成率是通过将实际获得的收入金额与预期收入金额进行对比来衡量的。比如，组织与合作方开展一项合作项目，预期在一定期限内可获得收入 20 万元，实际到期后收入为 18 万元，那么收入达成率就是 18 ÷ 20 × 100%=90%。收入未达成预期可能是市场环境变化、服务质量问题影响客户满意度进而导致付费意愿降低等多种原因造成的，需要有针对性地分析并采取改进措施，以提高未来收入达成的可能性。

4. 资金周转率

资金周转率体现了组织资金的使用效率。组织在运营过程中，资金不断地在各个业务环节流动，如从资金投入到项目启动，再到项目产生回报资金回流等。资金周转率的计算较为复杂，一般是用一定时期内的营业收入除以平均资产余额得出。较高的资金周转率意味着资金在组织内能够快速地周转，实现资源的高效利用，使组织能够在较短时间内开展更多的业务活动或推进更多的项目。例如，在某一阶段内，组织的营业收入为 50 万元，平均资产余额经计算为 25 万元，那么资金周转率为 50 ÷ 25=2 次。这表明在该阶段资金周转较为顺畅，能够较好地支持组织的业务发展，但如果资金周转率较低，可能就需要分析是资金闲置问题还是业务流程导致的资金流转不畅等原因，以便加以改进。

（二）非财务指标

1. 业务完成度

业务完成度衡量的是组织各项业务活动按照预定计划完成的程度。对于我们所关注的组织，其业务涵盖了诸多方面，如各类专项任务的执行、日常服务的提供等。业务完成度可以通过对各项业务目标的完成情况进行量化评估来确定。比如，组织承担了一项重要的专项任务，设定了多个子任务和相应的完成标准，在规定时间内，通过对每个子任务的完成情况进行检查和统计，若大部分子任务都已按标准完成，那么业务完成度就较高；反之，如果有较多子任务未完成或未达到标准，业务完成度就较低。这就需要进一步分析未完成的原因，是资源不足、执行人员能力问题还是计划安排不合理等，以便采取针对性的措施加以改进，确保未来业务能够更顺利地完成。

2. 员工满意度

员工满意度虽然是一个相对主观的指标，但对于组织的长远发展却有着至关重要的影响。在组织中，员工是各项业务活动的直接执行者，他们的工作状态和对组织的感受会直接影响到工作效率和业务质量。员工满意度可以通过问卷调查、员工访谈等方式来收集数据并进行评估。例如，组织定期开展员工满意度调查，询问员工对工作环境、薪酬待遇、职业发展机会、领导管理风格等方面的感受。如果大部分员工对这些方面都表示满意，那么员工满意度就较高，这说明组织在员工关怀和管理方面做得较好，能够激发员工的积极性和创造力，有利于组织业务的开展；反之，如果员工满意度较低，就需要深入分析是哪些方面存在问题，如薪酬体系不合理、工作环境差等，以便采取相应的措施加以改进。

3. 战略匹配度

战略匹配度关注的是组织开展的各项业务活动与组织整体战略规划的契合程度。组织通常会制定长期的战略目标和规划，而各项业务活动都应该是围绕这些战略来开展的。战略匹配度可以通过分析业务活动的目标、方向、资源投入等是否与战略规划相一致来评估。比如，组织的战略规划是在未来几年内重点提升某一领域的服务质量和影响力，那么在开展相关业务活动时就应该将资源优先投入该领域，并且业务活动的目标也应该是提升该领域的服务质量和影响力。如果在实际业务开展中发现某些业务活动与战略规划偏离较大，比如资源投入方向错误、业务目标不清晰等，那么战略匹配度就较低，这就需要及时调整业务活动的开展方式或重新规划资源分配，以确保业务活动与战略规划紧密匹配，实现组织的长期发展目标[①]。

通过确定这些财务指标和非财务指标，能够构建起一个较为全面的财务信息化与预算绩效评估体系，从而准确地评估组织在预算执行及相关业务开展方面的绩效，为后续的优化提供有力的依据。

这样的评估体系有助于组织及时发现问题、分析原因，并采取有效的改进措施，以不断提升自身的绩效水平，更好地实现组织的发展目标。

二、评估方法的选择

在各类组织的管理运营过程中，为了全面、准确地评估财务信息化与预算绩效情况，选择合适的评估方法至关重要。以下几种常见的评估方法在相应情境中都有着独特的应用和重要意义。

（一）对比分析法

对比分析法是一种基础且实用的评估方法，它通过将组织的各项指标数据与不同的参照标准进行对比，从而清晰地呈现出组织在预算绩效方面的优势与不足。

首先进行内部对比。例如，在一个组织中有不同的部门或不同的项目负责各类业务活动，可将它们在同一时期的各项绩效指标进行对比。以预算完成率为例，假设组织内有 A、B 两个业务单元，A 业务单元在某年度的预算完成率为 90%，而 B 业务单元同期的预算完成率为 80%。通过这样的对比，就能初步看出 A 业务单元在预算执行方面相对更为出色，进而可深入分析 A 业务单元的成功经验，以及 B 业务单元可能存在的问题，比如是预算编制不合理，还是在执行过程中遇到了特殊困难等。

同时，也可进行外部对比。即便组织并非处于传统的市场竞争环境，但依然能与同行业其他类似组织进行对比。比如，在成本控制率方面，如果本组织的成本控制率为 15%，而通过行业调研了解到其他类似组织平均成本控

① 孙萌．预算管理一体化对会计核算的影响探析 [J]. 中国商界，2024(7):33-34.

制率能达到20%，这就表明本组织在成本控制上可能还有提升的空间，需要进一步分析是采购环节、管理流程还是其他方面导致了与其他组织的差距，从而有针对性地学习借鉴其他组织的优秀做法，改进自身的成本控制策略。

此外，还可进行历史对比。将组织当前的各项绩效指标与过去不同时期的数据进行对比，能直观地看出组织在预算绩效方面的发展趋势。例如，对比过去三年的资金周转率，若发现逐年上升，说明组织在资金使用效率方面不断提升，资金的流转更加顺畅，可能是由于业务流程优化、信息化管理水平提高等原因所致；反之，如果逐年下降，则需要深入探究是哪些因素导致了资金周转不灵，以便及时采取措施加以改善。

（二）趋势分析法

趋势分析法主要侧重于对组织绩效指标随时间推移而呈现出的规律变化趋势进行分析，从而预测未来的发展态势。

对于组织而言，通过对各项财务指标（如收入达成率、成本控制率等）进行趋势分析，可以洞察到业务发展的规律。以收入达成率为例，若连续观察多个时期发现收入达成率呈现稳步上升的趋势，这可能意味着组织在业务拓展、服务质量提升等方面取得了良好的效果，吸引了更多的客户或合作伙伴，使得收入不断增加。此时，可以进一步分析是哪些具体举措带来了这样的积极变化，比如是推出了新的服务项目、优化了营销推广策略，还是提高了服务的专业性等，以便继续巩固和扩大这些优势。

同样，对非财务指标进行趋势分析也具有重要意义。比如员工满意度，如果通过定期的员工满意度调查发现，员工满意度在过去几年中呈现先下降后上升的趋势，就需要深入分析其中的转折点以及导致这种变化的原因。可能是在前期由于组织内部管理结构调整，员工一时难以适应，从而满意度下降。而后期通过加强与员工的沟通交流、完善薪酬福利体系等措施，使得员工满意度又逐渐回升。了解这些情况后，组织就可以继续坚持有效的措施，并不断优化改进，以保持员工的高满意度。

在预算绩效评估中，趋势分析法还可以帮助组织提前发现潜在的问题。例如，若发现成本控制率在近几个时期有逐渐下降的趋势，这可能预示着组织在成本管理方面出现了松懈或面临新的挑战，如原材料价格上涨、业务流程不合理导致成本增加等，需要及时采取措施加以应对，防止成本失控对组织的财务状况和业务发展造成不利影响。

（三）因素分析法

因素分析法旨在深入剖析影响组织绩效指标的各种因素，明确各个因素对指标的作用程度，以便针对性地采取改进措施。

拿预算完成率来说，它受多种因素的影响。首先是预算编制的准确性，如果预算编制时对业务开展的规模、难度、所需资源等估计不准确，可能导致预算完成率不理想。比如，在开展一项大型活动时，预算编制人员对活动现场布置所需的物资和人员成本估计过低，实际执行过程中就会出现预算不足的情况，影响预算完成率。

其次，业务执行过程中的不确定性也会影响预算完成率。如遇到不可抗力的自然灾害、政策法规的突然变化等，可能会使原本计划好的业务活动无法按预期进行，进而导致预算执行出现偏差。例如，组织原本计划在户外举办一场大型活动，但由于突发暴雨等天气原因，活动被迫推迟或更改场地，这就会增加额外的费用支出，降低预算完成率。

最后，资源配置的合理性同样对预算完成率有着重要影响。如果在组织内部各部门之间的资源分配不合理，有的部门资源过剩，有的部门资源短缺，那么在执行预算相关业务时就可能出现资源浪费或无法满足业务需求的情况，从而影响预算完成率。

通过因素分析法，对这些影响预算完成率的因素进行逐一分析，确定每个因素的影响程度，比如通过建立数学模型或数据分析工具，计算出预算编制不准确、业务执行不确定性、资源配置不合理等因素分别在预算完成率下降中所占的比重，这样就可以有针对性地从最关键的因素入手，采取有效的改进措施，提高预算完成率。

（四）综合评价法

综合评价法是一种将多个指标综合起来进行全面评估的方法，它能够克服单一指标评估的局限性，更准确地反映组织的整体预算绩效情况。

首先需要确定各个指标的权重。不同的指标对于组织的重要性可能不同，例如，财务指标中的资金周转率和非财务指标中的战略匹配度可能在整体评价中具有较高的权重，因为资金周转率直接关系到组织的资金使用效率，而战略匹配度则关乎组织长远发展的方向是否正确。根据组织的实际情况和发展重点，合理确定各个指标的权重后，就可以将各项指标的实际值按照相应的权重进行加权计算。

例如，假设预算完成率的权重为0.2，成本控制率的权重为0.15，收入达成率的权重为0.2，资金周转率的权重为0.25，业务完成度的权重为0.1，员工满意度的权重为0.05，战略匹配度的权重为0.05。然后，分别将各指标的实际值与对应的权重相乘，再将所有乘积相加，得到一个综合评价得分。

通过综合评价得分，可以对组织的整体预算绩效有一个清晰、全面的认识。如果综合评价得分较高，说明组织在预算执行、业务开展、员工管理等多个方面都表现良好，整体绩效水平较高；反之，如果综合评价得分较低，则需要进一步分析是哪些指标拉低了得分，是财务指标方面的问题，还是非财务指标方面的问题，以便针对性地采取改进措施，提升组织的整体预算绩效。

综合评价法不仅考虑了财务指标，还充分兼顾了非财务指标，能够从多个角度全面评估组织的预算绩效，为组织的持续优化和发展提供有力的依据。

在组织管理中，选择合适的评估方法对于准确评估财务信息化与预算绩效至关重要。通过对比分析法、趋势分析法、因素分析法和综合评价法等多种方法的综合运用，可以更全面、准确地了解组织的预算绩效情况，发现问题并采取有效的改进措施，从而不断提升组织的整体绩效水平，实现组织的长远发展目标。

第二节　基于绩效评估结果对财务信息化和预算流程的优化策略

一、优化策略的制定原则

(一) 系统性原则

财务信息化和预算流程构成了一个复杂且相互关联的系统，各个环节紧密相连、相互影响，因此在制定优化策略时必须遵循系统性原则，充分考虑整个系统的协调性。

当我们着手优化某一环节时，要谨慎评估其可能对其他环节产生的影响。比如，若为了提高预算执行效率而对某一业务部门的预算审批流程进行简化，就需要确保这种简化不会导致审批把关不严，进而引发预算失控的问题。这就要求我们在优化审批流程的同时，要相应地加强后续的监控机制，如增加定期的预算执行情况抽查，确保简化流程后的预算执行仍在合理的控制范围内。

此外，系统性原则还强调要使各个环节之间更加紧密配合，以提高整个系统的运行效率。例如，在财务信息化方面，要确保预算编制模块、执行监控模块、绩效评估模块等之间的数据交互顺畅且及时。当预算编制完成后，相关数据能够迅速准确地传输到执行监控模块，以便实时掌握预算执行情况。而在执行过程中产生的数据又能及时反馈到绩效评估模块，为准确评估预算绩效提供依据。

只有从系统的角度出发，综合考虑各个环节的相互关系，制定的优化策略才能促进财务信息化和预算流程这个大系统的良性运转，实现整体性能的提升。

(二) 持续性原则

优化并非一蹴而就的一次性行为，而是一个需要持续投入精力的动态过程。组织所处的内外环境始终处于不断变化之中，市场需求的波动、政策法规的调整、技术的创新等因素都可能引发新的绩效问题。

例如，随着市场竞争的加剧，组织可能需要不断拓展业务领域或调整业务模式，这就会对原有的预算流程和财务信息化系统提出新的要求。原本适应传统业务的预算编制方法可能在新业务拓展时显得力不从心，导致预算绩效下降，此时就需要根据新的绩效评估结果对优化策略进行调整和完善。

随着信息技术的飞速发展，新的财务软件和数据处理技术也不断涌现。如果组织不能及时跟进，利用这些新技术对财务信息化系统进行升级优化，那么可能会在数据处理速度、信息安全等方面落后于竞争对手。

因此，持续关注组织内外环境的变化，根据新的绩效评估结果不断调整和完善优化策略，是确保财务信息化和预算流程始终保持高效运行、预算绩效不断提升的关键所在。

（三）可行性原则

制定的优化策略必须具备可操作性和现实可行性，这是优化策略能够落地实施的基本前提。在实际制定过程中，不能脱离组织现有的资源、技术和人员能力等实际条件，提出一些过于理想化或在现有条件下无法实现的措施。

例如，若考虑到提升预算监控的实时性，提出要全面更换现有的财务信息化系统为最先进的高端系统，但组织目前的资金预算有限，且缺乏相应的技术人员来维护新系统，那么这个措施显然是不具备可行性的。

相反，应该根据组织的实际情况，提出一些切实可行的优化措施。比如，在现有财务信息化系统的基础上，通过增加一些功能模块或对现有模块进行优化升级来提高预算监控的实时性。或者针对预算执行人员的培训不足问题制定一个符合组织人员安排和培训资源的培训计划，逐步提高执行人员的专业素养和业务能力。

只有确保优化策略的可行性，才能使这些策略真正在组织的财务信息化和预算流程优化中发挥作用，推动组织实现更好的预算绩效。

二、基于绩效评估结果的具体优化策略

(一) 财务信息化系统优化

1. 功能完善

财务信息化系统的功能完备性对于准确把握预算执行情况以及深入挖掘预算绩效相关信息至关重要。当绩效评估结果指出在某些功能方面存在不足时，针对性的完善措施必不可少。

以预算监控的实时性不够为例，这可能导致在预算执行过程中无法及时察觉偏差，进而错过最佳的调整时机。为解决这一问题，升级预算监控模块成为关键举措。在升级过程中，不仅要增加更多的预警指标，还需精心设计这些指标的阈值范围，使其能够精准捕捉到预算执行过程中的细微变化。

加强数据挖掘功能同样意义重大。随着组织业务的日益复杂和数据量的不断增长，采用更先进的算法和技术迫在眉睫。比如运用机器学习算法中的聚类分析、关联规则挖掘等技术，深入挖掘出更多关于预算绩效的深层次信息。通过聚类分析，可以将具有相似预算绩效特征的项目或业务活动归类在一起，进而分析出不同聚类群体的共性问题和差异点，为制定针对性的优化策略提供依据。关联规则挖掘则有助于发现不同预算项目之间、预算项目与业务活动之间的潜在关联关系，例如发现特定业务活动的开展频率与某项预算支出的波动存在紧密联系，这对于优化资源配置和控制预算成本具有重要的参考价值。

2. 数据质量提升

高质量的数据是财务信息化系统得以有效运行的基石，任何数据方面的瑕疵都可能导致预算决策失误或对预算绩效评估产生偏差。

在数据准确性方面，建立更严格的数据录入规范是首要任务。操作人员应被要求严格按照规定格式和流程录入数据，对于每一个数据字段都要有明确的定义和填写要求。例如，在录入费用报销数据时，明确规定日期格式、费用明细分类标准、金额填写规范等，避免因人为疏忽或理解偏差导致的数据错误。同时，加强对录入数据的审核环节，设置多层级的审核机制，如先由数据录入人员自查，再由部门负责人抽检，最后由专门的数据质量管理人

员进行终审，确保每一条录入数据都准确无误。

完善数据备份和恢复机制对于保证数据的完整性不可或缺。随着信息技术的发展，数据面临着诸如硬件故障、软件漏洞、网络攻击等多种风险，一旦数据丢失或损坏，可能会对预算工作造成严重影响，因此应制定详细的备份策略，包括定期全量备份和增量备份相结合的方式，将数据存储在不同的物理介质和地理位置，以防止因局部灾难导致数据全部丢失。同时，建立高效的恢复机制，确保在数据出现问题时能够迅速、准确地恢复到最近的可用状态，保障预算工作的连续性。

优化数据采集流程对于提高数据的及时性至关重要。缩短数据采集周期可以使财务信息化系统更快地获取最新的业务数据，从而更及时地反映预算执行情况。例如，对于一些业务频繁、数据变化快的项目，可以将数据采集周期从原来的每周一次缩短为每天一次。同时，采用自动化的数据采集技术，如通过与业务系统的接口实现数据的自动抓取和传输，减少人工干预，降低数据采集过程中的误差和延迟，确保数据能够及时准确地进入财务信息化系统进行分析和处理。

3. 系统集成度提升

在现代组织管理中，财务信息化系统需要与其他业务系统紧密协同工作，以实现信息的高效流通和资源的合理配置。当发现财务信息化系统与某些业务系统之间存在数据对接不畅、信息传递滞后等问题时，提升系统的集成度成为当务之急。

采用统一的数据标准是实现系统无缝对接的基础。不同的业务系统可能由于开发团队、业务需求等原因采用了不同的数据格式和编码方式，这就导致了数据对接的困难。通过制定统一的数据标准，明确规定各类数据的字段定义、数据类型、取值范围等，使得各个业务系统在生成和传输数据时能够遵循相同的规范，从而保证数据能够在不同系统之间准确无误地传输。

同时，规范接口规范也是提升系统集成度的重要措施。接口是连接不同系统的桥梁，设计良好的接口能够确保数据的顺畅传输和交互。应根据业务需求和系统架构设计标准化的接口，明确接口的输入输出参数、调用方式、通信协议等，使得财务信息化系统与其他业务系统能够按照统一的规则进行数据交互。例如，在财务系统与采购系统对接时，通过规范接口规范，确保采购订单信息能够准确无误地从采购系统传输到财务系统进行账务处理，同时财务系统的付款信息也能及时反馈到采购系统，实现信息的双向流通。

此外，建立数据共享平台也是提升系统集成度的有效手段。通过搭建一个集中的数据共享平台，将财务信息化系统和其他业务系统的数据集中存储和管理，不同系统可以根据自身需求在平台上获取所需的数据，实现数据的实时共享。这样不仅可以解决数据对接不畅的问题，还可以提高数据的利用效率，促进不同业务部门之间的沟通和协作，为组织的整体预算管理提供更好的支持。

(二) 预算流程优化

1. 预算编制优化

预算编制作为预算流程的起始环节，其质量直接影响到后续预算执行和绩效评估的效果。当绩效评估结果显示预算编制存在问题时，需要从多个方面对其进行优化。

加强市场调研是制定合理预算目标的重要前提。在编制预算前，组织应充分了解市场需求的动态变化、原材料价格走势、竞争对手策略等外部因素。例如，对于一家生产型组织，在编制下一年度的生产预算时，要深入调研市场对产品的需求数量、产品功能和质量要求的变化趋势，以及原材料价格可能的波动范围。通过市场调研获取的这些信息，可以帮助组织制定出更符合市场实际情况的预算目标，避免因对市场情况不了解而导致预算目标过高或过低，影响预算执行效果。

采用更科学的预算编制方法能够提高预算数据的准确性和灵活性。传统的增量预算方法往往基于上一年度的预算执行情况进行简单调整，这种方法在面对市场环境快速变化或组织业务结构调整时可能显得不够灵活。而零基预算方法则要求在编制预算时，对每项预算支出都以零为起点，重新评估其必要性和合理性，根据当前的实际情况确定预算金额。滚动预算方法则是在预算执行过程中，不断根据新的情况对预算进行调整和补充，使预算始终保持一定的前瞻性和适应性。通过采用这些更科学的预算编制方法，可以更好地适应组织内外环境的变化，提高预算数据的准确性和灵活性。

建立预算编制审核机制对于确保预算数据的准确性和合理性至关重要。

在编制好预算后，应组织相关人员对预算进行严格审核。审核人员应包括财务部门专业人员、业务部门负责人以及具有相关领域经验的专家等。审核内容不仅包括预算数据的准确性，如各项费用支出的计算是否正确、收入预测是否合理等，还包括预算的合理性，如预算目标是否符合组织的战略发展方向、预算资源分配是否合理等。通过严格的审核机制，可以及时发现预算编制过程中的问题并加以纠正，确保编制出的预算能够为后续的预算执行和绩效评估提供可靠的依据。

2. 预算执行优化

预算执行环节是将预算计划转化为实际行动的关键阶段，当绩效评估结果显示该环节存在问题时，优化措施应聚焦于提高执行效率和减少执行偏差。

明确各部门在预算执行中的职责是确保执行顺利进行的基础。组织应制定详细的预算执行计划，将预算任务分解到各个部门和个人，使每个人都清楚自己的责任和任务。例如，在一个项目预算执行中，明确规定项目管理部门负责项目整体进度的把控和资源的协调分配，技术部门负责项目技术方案的实施和技术难题的解决，财务部门负责资金的拨付和预算执行情况的监控等。通过明确职责，避免出现相互推诿责任的情况，提高预算执行的效率。

加强预算执行过程中的监控和预警是及时发现并处理执行偏差的有效手段。采用信息化手段实时监控预算执行情况，通过在财务信息化系统中设置监控指标和预警阈值，当预算执行数据超出正常范围时及时发出预警信号。例如，对于项目成本预算，当实际成本支出超出预算的10%时，系统自动发出预警通知到相关责任人，使其能够及时了解情况并采取措施加以纠正。同时，监控指标应涵盖预算执行的各个方面，如费用支出、收入实现、项目进度等，确保能够全面掌握预算执行情况。

建立预算执行情况反馈机制对于促进沟通和调整至关重要。定期将预算执行情况反馈给相关部门和人员，例如每周或每月发布一次预算执行情况报告，报告内容包括各项预算任务的完成情况、执行偏差情况、采取的纠正措施等。通过这种反馈机制，相关部门和人员能够及时了解情况并作出调整，如业务部门根据反馈情况调整业务策略，财务部门根据反馈情况调整资金安排等，从而提高预算执行的效果。

3. 预算绩效评估优化

预算绩效评估是衡量预算执行效果和组织绩效的重要手段，当绩效评估结果显示现有的预算绩效评估体系存在问题时，需要对其进行优化。

补充新的评估指标可以使评估体系更加全面。随着社会经济的发展和组织对社会责任、环境影响等方面的重视，将一些对预算绩效有重要影响但未纳入现有体系的因素纳入评估体系成为必要。例如，对于一家制造业组织，除了传统的财务指标（如收入、成本、利润等），还应将节能减排指标、员工职业健康与安全指标、对社区的贡献指标等纳入评估体系。通过补充这些新的评估指标，可以更全面地衡量组织的预算绩效，反映组织在经济、社会和环境等方面的综合表现。

采用更科学的评估方法能够提高评估的准确性和全面性。传统的简单对比分析方法在面对复杂的预算绩效评估时可能存在局限性。层次分析法是一种将复杂问题分解为多个层次，通过建立判断矩阵、计算权重等步骤来确定各因素对目标的影响程度的方法。模糊综合评价法则是利用模糊数学原理将定性评价转化为定量评价的方法。通过采用这些更科学的评估方法，可以更好地处理复杂的预算绩效评估问题，提高评估的准确性和全面性。

定期对评估体系进行审查和更新确保评估体系始终适应组织的发展和变化。组织的内外环境在不断变化，业务模式、战略目标等也会随之改变，因此评估体系也需要与时俱进。定期审查评估体系可以及时发现体系中存在的问题，如评估指标是否仍然适用、评估方法是否仍然有效等，然后根据审查结果对评估体系进行更新，确保评估体系能够准确反映组织的预算绩效，为组织的预算管理提供有力的支持。

通过以上基于绩效评估结果的具体优化策略，无论是对财务信息化系统还是预算流程的各个环节进行优化，都能够有效提升组织的预算绩效，使其更好地适应组织内外环境的变化，实现组织的战略目标。

第十章　财务信息化与预算管理的风险识别与应对措施

第一节　财务信息化与预算管理面临的主要风险类型

一、技术风险

在当今数字化时代，财务信息化与预算管理高度依赖信息技术基础设施和各类软件系统。技术风险犹如一颗隐藏在暗处的定时炸弹，随时可能对财务工作的稳定性、数据安全以及预算管理的有效性造成严重威胁。

（一）硬件故障风险

硬件是财务信息化系统的物理基础，服务器、存储设备、计算机终端等硬件设施的正常运行对于整个财务工作流程至关重要。服务器死机是一种极为严重的硬件故障情况，一旦发生，可能导致正在进行的财务核算、预算编制与执行监控等工作瞬间中断。例如，在一个大型项目的预算执行关键时期，服务器突然出现故障，财务人员无法及时获取项目成本数据，无法对预算执行情况进行实时分析，这将直接影响到项目决策的及时性和准确性。而且，硬件故障还可能导致数据丢失或损坏，即使有备份措施，数据恢复过程也可能耗费大量时间和精力，给财务工作带来极大不便，甚至可能造成不可挽回的损失。

此外，硬件设备的老化、性能不足等问题也会逐渐显现。随着财务数据量的不断增长以及预算管理复杂度的提升，老旧的服务器可能无法满足数据处理和存储的需求，导致系统运行缓慢，影响财务工作效率。例如，在季度财务报表编制期间，由于服务器性能瓶颈，数据查询和报表生成的时间大幅延长，可能错过报表提交的截止日期，进而影响到组织的财务透明度和合规性。

(二) 软件漏洞风险

软件系统是财务信息化与预算管理的核心工具，但软件在开发过程中难免会存在漏洞。这些漏洞可能被不法分子利用，成为黑客攻击的入口。一旦黑客成功入侵财务信息系统，他们可能窃取敏感的财务数据，如组织的资金账户信息、预算机密数据等，给组织带来巨大的经济损失和声誉损害。例如，黑客可能通过软件漏洞获取银行账户密码，将组织资金非法转移，或者将预算规划中的战略项目信息泄露给竞争对手，使组织在市场竞争中处于劣势。

除了数据泄露风险，软件漏洞还可能导致系统功能异常。例如，预算管理软件中的计算错误漏洞可能使预算分配出现偏差，导致某些项目资金过剩而其他项目资金短缺，从而影响资源的合理配置。而且，软件漏洞的修复往往需要开发团队发布补丁程序并进行系统更新，这一过程可能会受到多种因素的制约，如兼容性问题、更新操作的复杂性等，使得漏洞修复不能及时完成，从而使系统在一段时间内持续暴露在风险之中。

(三) 网络不稳定风险

网络是财务信息化系统各组件之间以及与外部进行数据交互的桥梁，网络不稳定会对数据传输的及时性和完整性造成严重影响。在数据传输过程中，如果网络出现中断或延迟，可能导致财务数据无法及时到达目的地，影响财务报表的生成和预算执行情况的反馈。例如，在远程分支机构向总部传输财务数据时，由于网络不稳定，数据传输可能需要多次重试，甚至可能丢失部分数据，导致总部无法及时准确地了解分支机构的财务状况和预算执行进度，难以做出有效的管理决策。

网络不稳定还可能增加数据传输的错误率。在网络信号干扰或带宽不足的情况下，数据可能在传输过程中发生错误，如数据丢失、数据篡改等。这对于财务数据的准确性和可靠性是极大的挑战，可能导致财务核算出现偏差，预算执行数据失真，进而影响预算管理的科学性和有效性。例如，在进行预算调整数据传输时，如果数据发生错误，可能使调整后的预算方案出现错误，导致资源分配不合理，影响项目的顺利推进。

为了应对这些技术风险，组织需要建立完善的信息技术风险管理体系。首先，在硬件设施方面，应采用冗余设计，如配备备用服务器、冗余存储设备等，以降低服务器死机等硬件故障的影响。定期对硬件设备进行维护和更新，确保其性能能够满足财务信息化与预算管理的需求。其次，对于软件漏洞风险，要加强软件安全管理，建立严格的软件测试和漏洞扫描机制，及时发现并修复软件漏洞。定期对软件进行更新和升级，确保其安全性和稳定性。同时，加强对员工的软件安全培训，提高员工的安全意识，防止因员工操作不当导致软件漏洞被利用。最后，针对网络不稳定风险，应构建多线路网络架构，提高网络的可靠性和冗余性。采用网络监控技术，实时监测网络状态，及时发现并解决网络故障。对重要的财务数据传输采用加密技术和数据校验机制，确保数据传输的安全性和完整性。通过这些措施的综合应用，组织能够有效降低技术风险对财务信息化与预算管理的影响，保障财务工作的正常运行和预算管理目标的实现。

二、数据风险

在财务信息化与预算管理体系中，数据作为核心要素，其质量和安全性直接关系到整个财务管理工作的有效性和决策的科学性。数据风险犹如隐匿于暗处的礁石，随时可能使财务信息化与预算管理的航船触礁搁浅，造成难以估量的损失。

（一）数据录入错误风险

数据录入是财务信息化流程的起始环节，然而这一环节却极易出现错误。一方面，人工操作失误是数据录入错误的常见原因。财务人员在处理大量数据时可能因疲劳、疏忽或对业务理解不准确而导致金额录入错误。例如，在记录一笔大额资金交易时，将金额中的某个数字写错，可能使财务报表中的收支数据出现偏差，进而影响对组织财务状况的准确评估。同时，科目选择错误也是一个不容忽视的问题。不同的财务科目对应着不同的经济业务性质和核算规则，如果财务人员在录入数据时选错科目，会导致财务数据分类混乱，影响财务分析的准确性和预算执行情况的监控。比如，将一项应计入固定资产购置的支出误录入为日常办公费用，会使固定资产账目不实，也会干扰预算中对固定资产投资和日常运营费用的管控。

另一方面，数据录入流程设计不完善也会增加错误发生的概率。若缺乏有效的数据校验机制，如在录入数据后没有及时的逻辑检查和提示功能，错误数据就可能顺利进入系统并在后续的财务处理中被不断引用和传播。例如，在一些简易的财务软件中，当录入一笔不符合财务逻辑的负数金额时，如果没有相应的预警提示，该错误数据可能被当作正常数据进行汇总和分析，从而误导财务决策。而且，在多部门协同录入数据的情况下，如果部门之间缺乏统一的数据标准和规范，也容易出现数据口径不一致的问题，导致数据整合困难和错误产生。例如，销售部门和财务部门对同一笔业务的收入确认时间和金额计算方式存在差异，在数据录入和汇总时就会出现数据冲突和错误。

(二) 数据更新不及时风险

随着组织业务活动的持续开展，财务数据需要及时更新以反映最新的财务状况和预算执行情况。然而，数据更新不及时的问题却时有发生。一方面，业务系统与财务信息系统之间的集成度不足是导致数据更新延迟的重要因素。当业务部门产生新的财务数据后，如果业务系统不能及时将数据传输并更新到财务信息系统中，就会造成财务数据的滞后。例如，在一个项目实施过程中，项目团队已经完成了某个阶段的工作并产生了相关费用支出，但由于业务系统与财务系统的数据接口存在问题，该费用数据未能及时同步到财务系统中，使得预算执行监控数据出现偏差，管理层无法准确掌握项目的实际成本消耗情况，可能导致对项目后续预算分配的错误决策，影响项目的顺利推进。

另一方面，数据更新流程烦琐也是一个制约因素。在一些组织中，数据更新需要经过多个环节的审批和人工操作，这不仅耗费时间，还容易在流程传递过程中出现延误。例如，对于一些特殊费用的报销数据更新，需要经过员工提交报销申请、部门负责人审批、财务审核等多个环节，若其中某个环节出现耽搁，就会导致数据更新不及时。而且，在数据更新过程中，如果缺乏自动化的提醒和监控机制，也容易导致数据更新被遗忘或延迟。例如，当某项资产的折旧数据需要按月更新时，如果没有系统自动提醒相关人员，可能会出现折旧数据更新不及时的情况，使资产账面价值不准确，从而影响财务报表的真实性和预算管理中对资产成本的核算。

（三）数据备份与恢复机制不完善风险

数据备份与恢复机制是财务信息化与预算管理体系的重要安全保障措施，一旦这一机制出现问题，在面临系统故障、人为误操作或自然灾害等意外情况时，就可能导致数据丢失且无法有效恢复，从而给财务核算和预算管理决策带来灾难性的后果。

一方面，数据备份策略不合理是常见的风险点。如果备份频率过低，如仅每周或每月进行一次备份，在两次备份期间发生数据丢失事件时，就会有大量数据无法恢复。例如，在一个业务繁忙的组织中，每天都会产生大量的财务交易数据，如果备份周期过长，一旦系统在某天突然崩溃，那么从上次备份到系统崩溃期间的数据将全部丢失，这将严重影响财务报表的完整性和准确性，也会使预算管理失去部分重要的执行数据依据。

另一方面，数据备份存储介质的安全性和可靠性也至关重要。若备份数据仅存储在单一的本地硬盘或磁带中，一旦存储介质发生物理损坏，如硬盘故障、磁带受潮或被火灾、水灾等自然灾害破坏，备份数据将无法读取，导致数据恢复失败。例如，在一些小型组织中，由于缺乏完善的数据备份管理设施，将备份数据存储在办公室的普通硬盘中，若遭遇火灾，硬盘被烧毁，即使有备份数据也无法恢复，使组织面临巨大的财务数据损失风险。此外，数据恢复测试的缺失也是一个潜在风险。即使有数据备份，如果组织从未进行过数据恢复测试，在真正需要恢复数据时可能会发现恢复过程中存在各种问题，如备份数据格式不兼容、恢复软件无法正常运行等，导致数据无法顺利恢复，从而影响财务工作的正常开展和预算管理的连续性。

为有效应对数据风险，组织需要采取一系列措施。在数据录入方面，应加强对财务人员的培训，提高其业务水平和数据录入的准确性。同时，优化数据录入流程，建立完善的数据校验机制，如设置必填项、数据格式检查、逻辑关系验证等功能，确保录入数据的质量。在数据更新方面，提高业务系统与财务信息系统的集成度，采用自动化的数据传输和更新技术，减少人工干预环节。建立数据更新提醒和监控机制，对重要数据的更新情况进行实时跟踪和预警。在数据备份与恢复方面，制定合理的数据备份策略，根据数据的重要性和变化频率确定合适的备份周期，如对实时性要求高的数据进行每日备份，对相对稳定的数据进行定期备份。采用多种备份存储介质，并将备份数据存储在异地安全场所，以提高备份数据的安全性和可靠性。定期进行数据恢复测试，确保在需要时能够顺利恢复数据。通过这些措施的综合实施，组织能够有效降低数据风险，保障财务信息化与预算管理工作的顺利进行，为组织的稳定发展提供坚实的数据支撑。

三、管理风险

在财务信息化与预算管理的复杂体系中，管理风险犹如隐藏在组织内部的暗礁，悄无声息却极具破坏力，严重威胁着预算管理的有效性、财务运作的规范性以及组织整体的运营效率与效益。

（一）预算管理制度不健全风险

预算管理制度作为预算管理的根本性准则与规范，其健全性与合理性直接决定了预算管理工作能否有序、高效地开展。当预算管理制度存在漏洞或不完善之处时，诸多问题便会接踵而至。

预算调整随意性大是预算管理制度不健全的一个显著表现。在缺乏严谨、明确的预算调整规则与流程的情况下，预算可能会被轻易地修改或变动，这使得预算原本应有的刚性约束效力大打折扣。例如，在某些组织中，可能仅仅因为个别领导的口头指示或某个部门的临时申请，就对预算进行大幅度调整，而没有经过严格的论证、审批程序。这种随意性的预算调整不仅破坏了预算编制的科学性和严肃性，也使得预算管理失去了对资源配置的有效引导和控制作用。各部门可能会因此而产生侥幸心理，不再重视预算编制过程中的成本效益分析和资源需求规划，反正可以在后续执行过程中随意调整预算。这将导致资源的浪费与错配，一些不必要的项目可能获得过多资金，而真正急需资源支持的关键项目却得不到充足的保障，最终影响组织战略目标的实现。

此外，预算管理制度不健全还可能体现在预算目标设定不合理上。如果预算目标过高或过低，都难以对组织成员形成有效的激励与约束。过高的预算目标可能使员工感到压力过大，即使付出巨大努力也难以达成，从而导致员工积极性受挫，甚至可能引发为了完成目标而不择手段的不良行为，如虚报业绩、隐瞒成本等；而过低的预算目标则无法充分挖掘组织的潜力，使资源闲置浪费，组织运营效率低下。例如，在一个项目预算编制中，如果对项目收益预期过于乐观，设定了过高的收入目标，而对成本估计不足，在项目执行过程中就会发现实际情况与预算相差甚远，可能导致项目资金链断裂，无法按时完成项目任务，给组织带来经济损失和声誉损害。

（二）内部控制流程存在缺陷风险

内部控制流程是保障财务信息化与预算管理合规性、安全性与准确性的重要防线，一旦这一防线出现缺口，组织将面临诸多风险与挑战。

资金审批环节缺乏有效监督是内部控制流程缺陷的一个典型案例。在资金审批过程中，如果没有明确的审批权限划分、规范的审批标准和透明的审批流程，就容易出现权力滥用、徇私舞弊等现象。例如，某些人员可能利用审批权限的模糊性，违规批准不符合规定的资金支出，将组织资金用于个人私利或不合理的项目投资。这不仅会导致组织资金的直接损失，还可能引发一系列连锁反应，如破坏组织内部的公平公正氛围，使员工对组织的信任度下降，进而影响员工的工作积极性和团队凝聚力[①]。

同时，内部控制流程缺陷还可能体现在对财务信息系统操作的监控不足上。在信息化环境下，大量的财务数据处理和业务操作都依赖于信息系统，如果对系统操作权限的设置、数据修改记录的跟踪以及异常操作的预警机制不完善，就可能为内部人员篡改财务数据、泄露财务机密提供可乘之机。例如，一个具有一定系统操作权限的财务人员由于缺乏有效的监控，可能私自修改财务报表数据，以掩盖自己在财务管理过程中的失误或为自己谋取不正当利益，这种行为一旦发生，将严重影响财务信息的真实性和可靠性，使管理层基于错误信息做出错误的决策，给组织带来巨大的潜在风险。

（三）职责划分不明确风险

财务与业务部门在预算管理中职责划分不明确，犹如一艘失去航向的船

① 毕宏旺．部门预算编制与预算执行问题研究 [J]. 商讯，2023(22):26–27.

只，各个部门之间无法协同作战，导致工作效率低下，管理效果大打折扣。

在预算编制环节，如果职责划分不清，财务部门和业务部门之间可能会出现推诿扯皮的现象。业务部门可能认为预算编制主要是财务部门的工作，对自身应承担的预算需求规划和成本效益分析职责敷衍了事；而财务部门则可能抱怨业务部门提供的基础数据不准确、不完整，无法编制出合理的预算。例如，在制定新产品研发预算时，业务部门没有深入调研市场需求和研发成本，只是简单地提出一个大概的预算数字，而财务部门由于对产品研发的技术细节和业务流程缺乏了解，难以对业务部门提供的预算数据进行审核和修正，导致预算编制缺乏科学性和准确性，无法为研发项目提供有效的资金保障和成本控制依据。

在预算执行环节，职责划分不明确同样会引发诸多问题。由于不清楚各自在预算执行过程中的具体责任，财务部门可能无法及时有效地对业务部门的资金使用情况进行监控和分析，业务部门也可能对预算执行进度和成本控制要求缺乏足够的重视。例如，在一个营销活动执行过程中，业务部门在没有经过财务部门审核同意的情况下，随意增加广告投放费用，而财务部门在事后才发现预算超支情况，此时已难以采取有效的补救措施，导致营销活动成本失控，无法达到预期的营销效果，同时影响了组织整体的预算执行情况和财务状况。

为有效应对管理风险，组织需要从多方面入手。在预算管理制度建设方面，应制定完善的预算管理手册，明确预算编制、执行、调整等各个环节的详细规则和流程，加强预算目标设定的科学性研究，确保预算目标既具有挑战性又具有可实现性。建立严格的预算调整审批机制，任何预算调整都必须经过充分的论证和多部门的审批，杜绝随意性调整行为。在内部控制流程优化方面，明确资金审批权限，制定详细的审批标准和规范的审批流程，加强对资金审批过程的监督与审计，确保资金使用的合规性与安全性。完善财务信息系统的操作监控机制，设置合理的操作权限，对数据修改记录进行详细跟踪，建立异常操作预警系统，及时发现和防范内部人员的违规操作行为。在职责划分方面，通过制定详细的部门职责说明书，明确财务部门和业务部门在预算管理各个阶段的具体职责和工作任务，加强部门之间的沟通与协作培训，建立跨部门的预算管理协调小组，定期召开会议，解决预算管理过程中出现的职责不清、协作不畅等问题。通过以上措施的综合实施，组织能够有效构建起一道坚固的管理风险防护墙，保障财务信息化与预算管理工作的健康、有序开展，为组织的可持续发展奠定坚实的管理基础。

四、人员风险

在财务信息化与预算管理体系中，人员作为核心要素之一，其行为和能力对整个系统的稳定运行和有效管理起着决定性作用。然而，人员风险却犹如一颗不定时炸弹，随时可能引爆，给组织带来严重的危害，包括财务数据的失真、预算管理的混乱以及声誉的受损等。

（一）工作人员操作失误的风险

工作人员操作失误在财务信息化与预算管理工作中是较为常见的风险类型。随着信息技术在财务领域的广泛应用，财务信息系统的操作日益复杂，这对工作人员的操作熟练度和细心程度提出了更高的要求。误删除财务数据是一种极具破坏力的操作失误。在日常工作中，财务人员可能由于疏忽或者对系统操作不熟悉，误将重要的财务数据删除。例如，在清理系统存储空间或者整理数据文件时，可能不小心选中并删除了包含关键财务交易记录的文件，而这些数据可能是用于财务报表编制、预算执行分析或者税务申报等重要工作的基础。一旦数据被误删除且没有及时有效的备份，将导致财务工作陷入困境，可能需要耗费大量的时间和精力去尝试恢复数据，甚至可能因为无法完全恢复数据而使财务报表出现错误、预算执行监控出现偏差，进而影响组织的决策制定和财务合规性。

除了误删除数据，其他操作失误也不容忽视。例如，在数据录入过程中，可能因输入错误的数值、选错数据格式或者误点操作按钮而导致数据错误录入。这种错误录入的数据可能在后续的财务处理过程中被不断引用和传播，引发一系列连锁反应。比如，在预算编制阶段，如果将某个项目的预算金额错误录入，可能导致该项目在执行过程中资金分配不合理，要么资金短缺影响项目进度，要么资金过剩造成资源浪费。在财务核算过程中，错误录入的数据可能使财务报表的资产、负债、所有者权益等项目出现偏差，影响组织对自身财务状况的准确评估。

（二）专业技能不足的风险

财务信息化与预算管理工作需要工作人员具备扎实的专业技能，包括财务知识、信息技术知识以及数据分析能力等。然而，在实际工作中，部分工作人员可能存在专业技能不足的问题，无法满足工作的要求。在财务信息系统的运用方面，一些工作人员可能对系统的功能和操作流程了解有限。随着财务软件的不断更新换代，新的功能模块不断推出，如果工作人员不能及时学习和掌握，就无法充分发挥系统的优势，甚至可能因操作不当而引发问题。例如，在一些先进的财务信息系统中，具备自动化的预算编制、成本分析和财务预警功能，但由于工作人员不知道如何设置参数和运用这些功能，仍然采用传统的手工方式进行预算编制和分析，不仅工作效率低下，而且容易出现人为错误。

在预算分析领域，专业技能不足表现得更为明显。预算分析需要工作人员能够运用各种财务分析工具和方法，对预算执行数据进行深入挖掘和解读，找出其中存在的问题和潜在的风险，并提出合理的改进建议。然而，一些工作人员可能缺乏数据分析的基本技能，如数据透视表的使用、统计分析方法的应用等，无法对大量的预算执行数据进行有效的整理和分析。这将导致预算分析报告内容空洞、缺乏深度，不能为管理层提供有价值的决策依据。例如，在分析预算执行差异时，不能准确判断差异产生的原因是由于市场环境变化、业务流程不合理还是预算编制本身存在缺陷，从而无法有针对性地采取措施进行调整和优化。

（三）职业道德风险

职业道德风险是人员风险中最为严重的一种，它涉及工作人员的道德品质和职业操守。在财务信息化与预算管理工作中，工作人员可能会因为各种利益诱惑或者个人原因而违反职业道德规范。违规篡改财务数据是一种严重的职业道德失范行为。工作人员可能为了掩盖自己在工作中的失误、虚报业绩或者谋取私利而故意篡改财务数据。例如，在财务报表编制过程中，为了使报表看起来更加美观或者达到某些考核指标，可能修改收入、成本、利润等关键数据，使财务信息失去真实性和可靠性。这种虚假的财务信息一旦被管理层采用并做出决策，可能导致组织资源的错误配置、战略方向的偏离，甚至可能使组织陷入财务危机。

泄露预算机密信息也是一种常见的职业道德风险行为。预算信息往往包含组织的战略规划、资源分配计划以及财务状况等重要内容，如果这些信息被泄露给竞争对手或者其他外部人员，将使组织在市场竞争中处于劣势。例如，在招标过程中，如果预算机密信息被泄露，竞争对手可能会根据这些信息制定针对性的投标策略，使组织在招标中失利，影响组织的业务拓展和经济效益。此外，工作人员还可能因为与外部人员勾结，利用职务之便为其提供内部财务信息或者协助其进行财务欺诈等违法活动，这种行为不仅损害了组织的利益，还可能触犯法律，给组织带来严重的声誉损失和法律风险。

为了有效应对人员风险，组织需要采取一系列措施。在防范操作失误方面，加强对工作人员的系统操作培训，制定详细的操作手册和规范，设置操作权限和审批流程，对重要操作进行双重确认或者备份记录。例如，在数据删除操作前，要求工作人员填写删除申请并经过上级审批，同时对删除的数据进行备份，以便在误删除时能够及时恢复。在提升专业技能方面，组织应定期开展财务知识、信息技术知识和数据分析技能培训课程，鼓励工作人员参加专业认证考试，提供学习资源和交流平台，促进工作人员之间的知识共享和技能提升。例如，建立内部财务学习网站，上传培训视频、案例分析和操作指南等资料，方便工作人员自主学习。在防范职业道德风险方面，建立健全的职业道德规范和内部监督机制，加强对工作人员的职业道德教育和警示教育，对违反职业道德的行为进行严肃处理，包括警告、罚款、降职甚至开除等。

第二节　针对不同风险的信息化应对策略与预案制定

在财务信息化与预算管理领域中，各类风险犹如潜藏在暗处的礁石，随时可能使组织的财务航船触礁搁浅。为了确保组织在汹涌的财务海洋中稳健前行，针对不同类型的风险制定精准且有效的信息化应对策略与预案显得尤为关键。这些策略与预案如同坚固的船锚与精密的导航仪，能够帮助组织提前规避风险、在风险来临时迅速响应并降低损失，从而保障财务信息化与预算管理工作的连续性、准确性与安全性。

一、技术风险的信息化应对策略与预案

(一) 信息系统运维团队的组建与职责

技术风险作为财务信息化进程中的首要挑战，犹如高悬的达摩克利斯之剑，随时可能斩断数据传输的脉络、破坏系统的正常运行。为有效应对这一风险，建立一支专业、高效的信息系统运维团队犹如构筑一道坚固的防线，成为组织的当务之急。

这支运维团队应汇聚多领域的专业人才，包括系统工程师、网络工程师、软件工程师以及数据安全专家等。系统工程师犹如系统的“体检医生”，负责对信息系统的硬件基础设施进行全面检查与维护。他们定期对服务器、存储设备、网络设备等硬件进行巡检，如同医生进行日常的身体检查，通过检查设备的运行状态、温度、性能指标等参数，及时发现潜在的硬件故障隐患。例如，在服务器巡检过程中，系统工程师会查看服务器的 CPU 使用率、内存占用情况、磁盘空间剩余量等指标，若发现 CPU 长时间处于高负载状态，可能预示着存在某个进程异常消耗资源，需要进一步排查并优化，以防止服务器因过热或资源耗尽而死机。

网络工程师则如同信息系统的“交通警察”，专注于保障网络的畅通无阻与安全稳定。他们时刻监控网络流量，如同交警在路口监测交通流量一样，及时发现网络拥塞、异常流量等问题。在网络出现故障时，网络工程师能够迅速定位故障点，无论是网络线路的损坏、路由器的配置错误还是网络攻击导致的异常，他们都能凭借丰富的经验和专业工具进行快速诊断与修复。

软件工程师犹如系统的“裁缝”，负责对财务软件及相关应用程序进行定制、优化与升级。他们密切关注软件行业的技术发展动态，及时获取软件漏洞信息，如同裁缝关注时尚潮流与布料质量一样。一旦发现软件存在漏洞或有新的功能需求，软件工程师便迅速开展修复与升级工作。例如，当财务软件被曝出存在安全漏洞，可能导致数据泄露时，软件工程师会立即对漏洞进行分析，编写补丁程序，并在不影响系统正常运行的前提下，将补丁应用

到所有相关的软件系统中，确保软件的安全性与稳定性。

数据安全专家则如同系统的“保镖”，专注于数据的加密、解密、访问控制以及数据备份与恢复等工作。他们制定严格的数据安全策略，如同保镖制定严密的安保计划，确保只有经过授权的人员才能够访问敏感数据。例如，通过设置复杂的用户密码策略、采用多因素身份认证技术，如密码＋指纹识别或密码＋动态验证码等，防止非法用户登录系统窃取数据。同时，数据安全专家还负责定期对数据进行备份，并将备份数据存储在安全的环境中，包括本地备份和异地备份，以防止因数据丢失而造成的财务灾难。

（二）系统巡检、软件升级与漏洞修复机制

信息系统的稳定运行依赖于持续的维护与优化，而系统巡检、软件升级与漏洞修复则是这一维护工作的核心环节。

系统巡检犹如一场全面的“健康检查”，需要按照既定的巡检计划与流程定期进行。在巡检过程中，运维团队运用专业的监控工具与技术手段，对信息系统的各个组件进行全面扫描与监测。除了上述硬件设备的性能指标检查，还包括对操作系统、数据库管理系统、中间件等软件层面的检查。例如，在操作系统巡检中，检查系统日志，查看是否存在错误信息或异常事件记录，如频繁的系统重启、服务启动失败等；对数据库管理系统进行性能分析，检查查询语句的执行效率、数据库表空间的使用情况等，若发现某个查询语句执行时间过长，可能需要对数据库索引进行优化或调整查询语句的逻辑，以提高数据库的整体性能。

软件升级是保持系统功能先进性与安全性的关键举措。随着信息技术的飞速发展，软件供应商会不断推出新的版本，以修复旧版本存在的问题并增加新的功能。运维团队需要密切关注软件供应商的发布信息，及时评估新版本对组织财务信息化系统的影响。在进行软件升级前，制定详细的升级计划，包括备份现有系统数据与配置、在测试环境中进行升级测试等步骤。例如，在财务软件升级过程中，先在模拟的测试环境中安装新版本软件，导入部分真实业务数据进行功能测试与性能测试，确保新版本软件能够正确处理财务数据，如账务处理、报表生成等功能不受影响，且系统性能不会出现明显下降。只有在测试通过后，才在生产环境中逐步推广软件升级，确保整个

升级过程平稳、安全，避免因软件升级导致系统故障或数据丢失。

漏洞修复则是防范网络攻击与数据泄露的重要防线。当软件或系统被发现存在安全漏洞时，运维团队必须迅速行动，及时获取漏洞修复补丁或自行开发修复程序。在漏洞修复过程中，同样需要遵循严格的流程，先在小范围的测试环境中验证修复效果，确保修复程序不会引入新的问题。例如，当某个操作系统漏洞被曝光后，运维团队先在一台测试服务器上安装漏洞修复补丁，然后进行全面的系统测试，包括网络连接测试、应用程序兼容性测试等，确认无误后再将补丁部署到整个信息系统中的所有相关服务器上，以最快的速度消除漏洞带来的安全隐患。

（三）应急预案的制定与演练

尽管采取了一系列的预防措施，但技术风险仍难以完全避免，因此制定完善的应急预案如同为组织购买了一份“保险”，在危急时刻能够最大限度地减少损失并保障系统的持续运行。

备用服务器方案是应急预案的重要组成部分。组织应配置备用服务器，并建立主从服务器的实时同步机制，确保主服务器上的数据能够及时、准确地复制到备用服务器上。当主服务器发生故障时，如硬件损坏、操作系统崩溃或遭受恶意攻击等，运维团队能够迅速启动备用服务器切换机制，将业务流量自动引流到备用服务器上，整个切换过程应尽可能快速、无缝，以确保财务工作的不间断运行。例如，在某大型电商组织的财务系统中，采用了双机热备的服务器架构，主服务器和备用服务器通过高速网络连接，并实时同步数据。一旦主服务器出现故障，系统自动检测到故障并在数秒内完成切换，用户在进行财务操作时几乎感受不到任何中断，保障了电商交易的财务结算顺利进行。

数据多重备份策略也是应急预案的核心内容之一。除了定期的本地备份外，组织还应实施异地备份方案，将备份数据存储在地理位置不同的安全场所，如异地数据中心或云端存储服务提供商处。本地备份可用于快速恢复近期的数据丢失或损坏，而异地备份则能够在本地遭受严重自然灾害或大规模数据灾难时提供数据恢复的保障。

为了确保应急预案的有效性，组织必须定期进行应急演练。演练内容包括模拟各种可能的技术故障场景，如服务器死机、网络中断、数据丢失等，检验运维团队在面对突发情况时的响应速度、操作熟练度以及各部门之间的协同配合能力。演练过程中，对每个环节的执行时间、操作步骤、恢复效果等进行详细记录与评估，针对演练中发现的问题及时对应急预案进行优化与完善。例如，在一次服务器死机应急演练中，发现切换到备用服务器的过程中部分应用程序的配置文件未能正确加载，导致部分功能异常。通过这次演练，运维团队对应急预案中的服务器切换流程进行了细化，增加了配置文件检查与修复的步骤，提高了应急预案的可靠性与实用性①。

二、数据风险的信息化应对策略与预案

（一）数据录入审核机制的构建

数据作为财务信息化与预算管理的核心资产，其准确性与完整性直接关系到决策的科学性与组织的财务健康。数据录入环节作为数据进入系统的“第一道关口”，构建严格的数据录入审核机制犹如在关口设置了一道坚固的滤网，能够有效过滤掉错误数据与虚假数据。

双人录入比对是一种常用且有效的数据录入审核方法。在这种方法下，相同的数据由两名不同的录入人员分别独立录入财务信息系统中，系统自动对两人录入的数据进行比对。如果录入的数据完全一致，则数据通过审核进入下一步处理流程；如果存在差异，则系统会发出警报，提示录入人员进行核对与修正。例如，在财务凭证录入过程中，涉及金额、科目、摘要等重要信息，由两名财务人员分别录入，系统对凭证编号相同的两份录入数据进行逐字段比对。若一名录入人员将金额错误录入，系统就会立即检测到差异并提示错误信息，录入人员可根据原始凭证重新核对并修正错误数据，确保录入数据的准确性。

设置数据校验规则也是构建数据录入审核机制的重要手段。根据财务数据的逻辑关系与业务规则，在系统中预先设定一系列的数据校验公式与条件。例如，在费用报销数据录入时，设置校验规则确保报销金额不超过预

① 张敏翔，周志强．数字财政背景下预算管理一体化改革路径 [J]. 财会通讯，2023(24):36-38.

算额度、报销科目符合公司财务制度规定等。当录入的数据不符合校验规则时，系统自动弹出提示框，拒绝接受错误数据的录入，并要求录入人员修改数据直至符合规则为止。又如，在应收账款录入时，校验客户名称、信用额度、账龄等信息的合理性，防止录入错误或虚假的应收账款信息，保证财务数据在录入阶段就符合业务逻辑与财务规范。

（二）数据更新流程的完善

随着组织业务的不断发展与变化，财务数据需要及时更新以反映最新的财务状况与业务成果。完善的数据更新流程犹如一条高效的“数据传送带”，能够确保数据在正确的时间由正确的人员按照正确的方式进行更新。

明确更新时间是数据更新流程的基础。组织应根据财务数据的特点与业务需求，制定详细的数据更新时间表。例如，对于每日发生的现金收支数据，要求在当日业务结束后及时进行更新，确保现金日记账的余额与实际库存现金一致；对于月度财务报表数据，在每个月的结账日后规定的时间内完成数据更新与报表生成，以便管理层能够及时了解组织的月度财务状况。同时，对于一些实时性要求较高的数据，如股票投资的市值数据，应建立实时数据更新机制，通过与金融数据提供商的接口，确保财务系统中的投资数据能够实时反映市场变化。

确定责任人是数据更新流程的关键。每一项数据更新任务都应明确指定具体的负责人员，确保数据更新工作的可追溯性与责任落实。例如，在固定资产数据更新中，由资产管理部门的专人负责，当固定资产发生购置、折旧、报废等变动时，该责任人及时在财务信息系统中进行相应的数据更新操作，并记录更新的依据与时间。又如，在员工薪酬数据更新方面，由人力资源部门负责计算员工的工资、奖金、社保等数据，并在规定的时间内将准确的数据传输给财务部门，由财务部门专人负责录入财务系统中，确保薪酬数据的及时更新与准确性。

（三）数据恢复演练的实施

数据备份是防范数据风险的重要手段，但仅有备份是不够的，还需要确保备份数据在需要时能够真正有效地恢复。定期进行数据恢复演练如同对数据恢复能力进行“实战检验”，能够提高组织在数据灾难发生时的应对能力与恢复效率。

数据恢复演练应模拟各种可能的数据丢失场景，如硬件故障导致的数据损坏、人为误操作删除数据、恶意软件攻击导致的数据加密等。在演练过程中，按照预先制定的数据恢复计划，从备份介质中选择合适的备份数据进行恢复操作。例如，在模拟因服务器硬盘损坏导致数据丢失的场景下，运维团队首先确定最近一次有效的数据备份时间，然后从本地备份存储设备或异地备份中心获取相应的备份数据，按照数据恢复流程将数据恢复到备用服务器或新的服务器上。在恢复过程中，对恢复的数据进行完整性与准确性验证，检查财务报表数据是否能够正确生成、业务数据之间的逻辑关系是否正常等。

通过数据恢复演练，不仅能够检验备份数据的可用性与数据恢复流程的有效性，还能够发现数据恢复过程中可能存在的问题，如备份数据的版本兼容性问题、恢复工具的操作复杂性问题等。针对这些问题，及时对数据备份与恢复策略进行调整与优化，确保在真正的数据灾难发生时能够迅速、准确地恢复数据，最大限度地减少数据损失对财务信息化与预算管理工作的影响。例如，在一次数据恢复演练中，发现由于财务软件版本升级，旧版本的备份数据在恢复到新版本软件环境中时出现部分数据格式不兼容的问题。通过这次演练，组织及时调整了数据备份策略，增加了对备份数据在不同软件版本下的兼容性测试环节，并对恢复工具进行了升级与优化，提高了数据恢复的成功率与效率。

三、管理风险的信息化应对策略与预案

（一）预算管理制度与内部控制流程的完善

管理风险犹如隐藏在组织内部的“暗河”，悄无声息却可能在关键时刻引发严重的财务危机。完善预算管理制度与内部控制流程则如同在“暗河”上搭建坚固的桥梁与修筑坚固的堤坝，引导组织的财务活动在安全的轨道上运行。

在预算管理制度方面，明确预算编制的原则、方法与流程。预算编制应

遵循科学性、合理性、全面性的原则，采用零基预算、滚动预算等先进的预算编制方法，结合组织的战略目标与业务计划，从基层部门开始自下而上地进行编制，再经过财务部门的汇总、审核与平衡，最终形成组织的整体预算方案。例如，在零基预算编制过程中，要求每个部门重新审视其所有的业务活动与费用支出需求，不受以往预算安排的限制，根据实际业务需要合理申报预算项目与金额。财务部门在汇总各部门预算时，对每个项目进行严格的成本效益分析，去除不必要的项目与过高的预算额度，确保预算资源的合理分配。

同时，明确预算调整的审批程序与标准。预算一经确定，应保持相对的稳定性，但在实际业务执行过程中，由于市场环境变化、业务调整等原因，可能需要对预算进行适当调整。组织应制定严格的预算调整审批流程，明确规定只有在特定的情况下，如重大市场变化、不可抗力因素等，且经过详细的论证与多部门的审批后，才能进行预算调整。例如，当市场原材料价格大幅上涨导致某生产项目成本超支时，项目部门需提交详细的预算调整申请报告，说明价格上涨的原因、对项目成本的影响程度以及调整后的预算分配方案等。财务部门对申请报告进行审核，评估调整的合理性与必要性，然后提交给预算管理委员会或高层领导进行审批。只有在审批通过后，才能对预算进行相应调整，防止预算调整的随意性与盲目性。

在内部控制流程方面，加强对财务活动各个环节的控制与监督。建立健全的授权审批制度，明确各级管理人员与员工在财务业务处理中的权限范围，确保每一项财务支出都经过适当的授权与审批。例如，在资金支付环节，规定不同金额范围的支付需由不同层级的管理人员审批，小额资金支付由部门负责人审批，大额资金支付需经过财务总监或总经理审批，防止资金的滥用与挪用。同时，加强对财务报销、资产购置、项目投资等关键业务流程的内部控制，通过信息化系统实现流程固化与自动化控制。例如，在财务报销流程中，利用电子报销系统，员工在线提交报销申请，系统自动根据预设的报销标准与审批流程进行审核，如检查报销凭证的真实性、合规性，判断报销金额是否在预算范围内等，只有在所有审核通过后，才进行报销款项的支付，提高了财务报销流程的效率与规范性。

(二) 信息化系统在管理流程中的应用

信息化系统在管理流程中的应用犹如为组织的管理工作装上了“智能引擎”，能够显著提高管理的透明度与效率，降低管理风险。

利用信息化系统进行流程固化，将预算管理与财务内部控制流程转化为标准化的电子流程。通过在系统中设置固定的操作步骤、审批环节与数据流转路径，确保每一项财务业务都按照预定的流程进行处理，避免人为因素导致的流程偏差与违规操作。例如，在预算执行监控流程中，将预算指标分解到各个部门与项目，并在信息化系统中设定预算预警阈值。当某项业务的实际支出接近或超过预警阈值时，系统自动发出预警信息，通知相关部门与人员进行关注与处理。同时，系统记录每一笔预算执行数据的详细信息，包括支出时间、支出金额、支出用途、审批人等，方便管理层随时查询与追溯，实现了预算执行过程的可视化与透明化。

进行权限设置是信息化系统在管理流程中的另一重要应用。根据组织的组织结构与人员职责分工，在信息化系统中为每个用户分配不同的操作权限与数据访问权限。例如，财务部门的人员可以拥有财务数据的录入、查询、统计分析等权限，但对于涉及资金支付的操作，只有经过授权的特定人员才能执行；业务部门的人员只能查看与本部门业务相关的财务数据，不能修改或删除其他部门的数据，防止数据的泄露与篡改。通过权限设置，实现了对财务信息系统的分层级、分角色管理，确保每个用户只能在其权限范围内进行操作，提高了系统的安全性与数据的保密性。

此外，信息化系统还能够提供丰富的管理报表与数据分析功能，为管理层的决策提供有力支持。例如，通过对财务数据的深度挖掘与分析，生成预算执行情况分析报告、成本结构分析报告、财务指标趋势分析报告等，帮助管理层及时准确地了解组织的财务状况、预算执行进度以及业务运营效率。在预算执行情况分析报告中，系统可以直观地展示各部门、各项目的预算使用情况，对比实际支出与预算额度的差异，并通过图表形式呈现预算执行的趋势变化，使管理层能够迅速发现预算超支或节余的部门和项目，进而深入分析原因，采取针对性的调整措施。成本结构分析报告则详细剖析各项成本在总成本中的占比，如人力成本、物资成本、设备成本等，以及不同业务环节或产品服务所消耗的成本情况，帮助管理层识别成本控制的重点领域，优化资源配置，降低运营成本。财务指标趋势分析报告通过对资产负债率、利润率、现金流等关键财务指标的历史数据进行分析，预测其未来发展趋势，为管理层制定战略规划、投资决策以及融资策略提供重要参考依据，使组织能够提前应对潜在的财务风险，把握发展机遇。

四、人员风险的信息化应对策略与预案

(一) 人员培训体系的构建与实施

人员作为财务信息化与预算管理工作的核心主体，其专业素养、操作技能以及职业道德水平直接影响着工作的质量与效率，也在很大程度上决定了组织面临的人员风险程度。构建完善的人员培训体系犹如为组织的员工打造一把“能力提升的钥匙”，帮助他们更好地适应财务信息化环境下的工作要求，降低因人员因素导致的风险。

财务信息系统操作培训是人员培训体系的基础内容。随着财务信息化程度的不断提高，各类复杂的财务软件和信息系统广泛应用，员工需要熟练掌握这些工具的操作方法才能高效地完成工作任务。培训应涵盖系统的基本功能模块介绍、数据录入与查询方法、报表生成与导出操作、常见问题与故障排除等方面。例如，针对新入职的财务人员，开展为期一周的集中培训课程，通过理论讲解、实际操作演示以及案例练习相结合的方式，让他们快速熟悉财务信息系统的操作界面和常用功能。在培训过程中，设置模拟业务场景，让员工在实践中巩固所学知识，提高操作技能，如模拟财务凭证录入、账务处理、财务报表编制等实际业务流程，使员工能够熟练地运用系统完成日常财务工作，减少因操作失误导致的数据错误或系统故障。

预算管理知识培训是提升员工预算管理能力的重要途径。培训内容包括预算编制的原理与方法、预算执行的监控与分析技巧、预算调整的策略与流程等。通过培训，使员工深入理解预算管理在组织财务管理中的核心地位，以及各个部门在预算管理过程中的职责与协作关系。例如，组织预算管理专题培训研讨会，邀请内部专家或外部讲师为员工讲解先进的预算管理理念和实践经验，分享成功案例，并结合组织自身的预算管理实际情况进行分析讨

论。在培训中，安排小组作业和案例分析环节，让员工分组完成预算编制、执行分析以及调整方案制定等任务，培养他们的团队协作能力和解决实际问题的能力，使员工能够在工作中更好地参与预算管理工作，以提高预算编制的准确性和预算执行的有效性。

职业道德教育是人员培训体系中不可或缺的重要组成部分。在财务信息化与预算管理工作中，员工面临着各种利益诱惑和道德考验，如数据篡改、预算虚报、信息泄露等违规行为可能会给组织带来严重的财务损失和声誉损害。职业道德教育应通过定期开展培训课程、案例警示教育、组织职业道德规范学习与讨论等方式，强化员工的道德意识和职业操守。例如，每季度组织一次职业道德培训活动，通过播放因职业道德缺失导致的财务丑闻视频案例，让员工深刻认识到违规行为的严重后果；邀请法律专家讲解相关法律法规，使员工了解在财务工作中的法律责任与义务；组织员工对职业道德规范进行深入学习和讨论，引导员工树立正确的价值观和道德观，自觉遵守职业操守，做到诚实守信、廉洁奉公，从思想根源上防范人员风险的发生。

(二) 人员操作权限管理制度的建立

在财务信息化环境下，建立科学合理的人员操作权限管理制度犹如为组织的财务信息系统构筑一道“安全防护墙”，能够有效防止因人员操作不当或违规操作导致的数据泄露、篡改以及财务损失等风险。

根据岗位需求分配最小化权限是人员操作权限管理制度的核心原则。组织应深入分析每个岗位在财务信息化与预算管理工作中的职责与任务，确定其所需的最小操作权限范围。例如，对于财务数据录入员岗位，仅赋予其数据录入、修改以及查询与录入数据相关的基本信息权限，如录入凭证信息、查询凭证明细等权限，但不赋予其数据删除、报表生成以及系统设置等权限，避免因录入员误操作或恶意操作导致数据丢失或系统混乱；对于财务审核员岗位，赋予其对录入数据进行审核、批准以及查询审核相关数据的权限，但不具备数据修改和录入权限，确保审核工作的独立性和准确性；对于财务部门负责人岗位，则可根据管理需要赋予其全面的数据查询、统计分析、预算调整审批以及系统管理部分功能的权限，如用户权限管理的审核等权限，但不给予其直接操作具体业务数据的权限，以实现对财务工作的有效监督与管理。

同时，建立人员操作权限的动态调整机制。随着员工岗位的变动、工作职责的调整以及组织业务的发展变化，及时对其操作权限进行相应的调整。例如，当员工从财务数据录入员岗位晋升为财务审核员岗位时，及时收回其数据录入员的相关权限，并赋予其审核员应有的权限；当组织开展新的业务项目或引入新的财务信息系统模块时，根据项目需求和模块功能，重新评估并调整相关人员的操作权限，确保权限分配始终与岗位实际需求相匹配，保障系统的安全性与数据的完整性。

（三）内部监督与举报机制的建立与运行

内部监督与举报机制犹如组织财务信息化与预算管理工作中的“监督哨”与“预警器”，能够及时发现并查处人员违规行为，维护组织的财务秩序和良好形象。

建立内部监督机制，明确监督主体、监督对象以及监督内容与方式。组织应设立专门的内部监督部门或岗位，如内部审计机构或财务监督专员，对财务信息化与预算管理工作进行全面、深入的监督。监督对象涵盖所有涉及财务业务处理的部门和人员，包括财务部门、业务部门以及相关管理层人员等。监督内容包括财务数据的真实性、准确性与完整性，预算编制与执行的合规性，人员操作权限的遵守情况，内部控制流程的执行效果等。监督方式采用定期审计与不定期抽查相结合、线上数据监控与线下业务检查相配合的方法。例如，内部审计机构定期对财务信息系统中的数据进行审计，检查财务报表数据与原始凭证的一致性、预算执行数据与预算计划的相符性等；同时，不定期地对业务部门的财务操作进行抽查，如检查费用报销凭证的真实性、业务收入的入账及时性等。通过线上监控系统，实时监测财务数据的异常变动情况，如大额资金的异常支付、数据的频繁修改等，一旦发现异常，及时进行线下调查核实，确保财务活动的合法合规性。

建立举报机制，为员工提供一个安全、便捷的举报渠道。组织可以设立专门的举报邮箱、举报电话或在线举报平台，并确保举报信息的保密性和举报人权益的保护。鼓励员工对发现的人员违规行为进行举报，如数据造假、挪用公款、泄露财务机密等行为。对举报内容进行认真核实与处理，一旦查证属实，对违规人员进行严肃处理，同时对举报人给予适当的奖励，如物质奖励或精神表彰，以提高员工参与监督的积极性和主动性，形成良好的内部监督氛围，有效防范人员风险的发生。例如，某员工发现同事存在篡改财务数据以虚报业绩的行为，通过举报邮箱向组织进行举报，内部监督部门收到举报后，立即展开调查，核实情况后，对违规人员进行了纪律处分，包括警告、罚款、降职等处罚措施，并对举报人给予了一定的奖金奖励，同时在组织内部通报表扬，树立了正确的监督导向，增强了员工对组织财务诚信的信心。

第十一章　财务信息化与预算管理的协作与沟通机制

第一节　财务信息化与预算管理相关角色与职责

在财务信息化与预算管理这一复杂而又关键的体系中，各个角色犹如精密仪器中的各个零部件，各自承担着独特且不可或缺的职责，它们相互协作、相互影响，共同推动着整个体系的高效运转，确保组织的财务活动有条不紊地进行，并与组织的战略目标紧密契合。

一、单位领导班子

单位领导班子作为组织的核心决策层，在财务信息化与预算管理领域扮演着战略规划者与总体协调者的关键角色。其职责犹如灯塔，为整个财务信息化建设与预算管理工作指引方向，同时又似指挥中枢，统筹协调各方资源，确保各项工作得以顺利推进。

（一）战略规划者

在战略规划方面，领导班子需高瞻远瞩，基于对组织内外部环境的深入洞察与分析，制定出符合组织长远发展需求的财务信息化与预算管理战略规划。这一规划并非一蹴而就，而是需要综合考量多方面因素。从外部环境来看，需密切关注行业发展趋势、市场竞争态势、政策法规变化等因素。例如，随着数字化时代的加速到来，同行业竞争对手纷纷加大财务信息化投入，提升预算管理的精细化程度，以增强自身竞争力。

在此背景下，领导班子必须敏锐地捕捉到这一趋势，制定出具有前瞻性的战略规划，确保组织在财务信息化与预算管理方面不落后于时代步伐，能够在激烈的市场竞争中脱颖而出。从内部环境而言，要对组织的业务模式、运营流程、资源状况以及人员素质等进行全面评估。比如，若组织正处于业务快速扩张阶段，传统的预算管理模式可能难以满足日益增长的业务需求，领导班子就需要规划构建一套更为灵活、高效的预算管理体系，并通过财务信息化手段加以实现，以适应组织业务发展的变化。

（二）资源统筹协调者

领导班子在统筹协调各部门资源方面发挥着不可替代的作用。财务信息化与预算管理工作涉及组织的多个部门，如财务部门、业务部门、信息技术部门等，每个部门都有其自身的利益诉求和工作重点，如何将这些部门的资源有效整合起来，形成一股合力，是领导班子面临的重要挑战。在资源分配上，领导班子需要根据战略规划的要求，合理确定各部门在财务信息化建设与预算管理工作中的资源投入比例。例如，对于财务部门，可能需要加大在财务信息系统建设与升级方面的资金投入，以提升其财务管理的效率和精度；对于业务部门，则要注重为其提供足够的培训资源和技术支持，确保其能够顺利地参与到预算管理工作中，并在业务活动中有效地运用财务信息系统。

同时，领导班子还需协调各部门之间的工作关系，解决部门之间可能出现的矛盾和冲突。在财务信息化系统的推广过程中，业务部门可能会因为担心增加工作负担或改变原有工作习惯而产生抵触情绪，此时领导班子就需要出面协调，通过沟通与解释，让业务部门认识到财务信息化对其自身工作以及组织整体发展的重要性，以促进业务部门与财务部门之间的协作与配合。

（三）决策支持者与保障者

领导班子为财务信息化建设与预算管理工作提供决策支持与领导保障。在工作推进过程中，难免会遇到各种复杂的问题和决策节点，如财务信息系统选型、预算管理制度改革等重大事项。领导班子需要凭借其丰富的经验、敏锐的洞察力和果断的决策能力，为这些问题提供及时、有效的决策支持。在财务信息系统选型过程中，领导班子要组织相关部门进行深入的市场调研，评估不同系统的功能、性能、成本以及供应商的信誉等因素，权衡利弊后做出科学合理的决策。

同时，领导班子还要为工作的推进提供强有力的领导保障，包括建立健全相关的工作机制、明确各部门的职责权限、监督工作进展情况等。通过定期召开工作会议、听取工作汇报等方式，及时掌握财务信息化与预算管理工作的动态，对工作中出现的偏差及时进行纠正，确保各项工作始终沿着战略规划的方向前进。

二、财务部门

财务部门作为组织财务活动的核心枢纽，在财务信息化与预算管理体系中承担着多重关键职责，犹如一座桥梁，连接着组织的各个部门与财务信息系统，同时又似一把精准的尺子，对预算管理的各个环节进行测量与把控，为组织的财务健康保驾护航。

(一) 财务信息系统建设、管理与运维主导者

在财务信息系统的建设、管理与运维方面，财务部门肩负着主导性的责任。建设财务信息系统是一项复杂而系统的工程，财务部门需要从组织的财务管理需求出发，确定系统的功能架构、模块设置以及数据流程等关键要素。例如，根据财务核算的要求，设计会计科目体系、账务处理流程以及财务报表生成功能；为满足预算管理的需求，构建预算编制、执行监控、分析调整等功能模块，并确保这些模块与财务核算模块之间的数据交互顺畅。

在系统建设过程中，财务部门要与信息技术部门密切配合，将财务管理的专业知识与信息技术的实现能力有机结合起来。财务部门负责提出明确的业务需求和功能要求，信息技术部门则依据这些要求进行系统的开发与设计。在系统管理方面，财务部门要制定完善的系统管理制度，包括用户权限管理、数据安全管理、系统操作规范等内容。例如，根据不同岗位的职责和工作需要，为财务人员、业务人员以及管理层设置相应的系统操作权限，防止数据泄露和非法操作的发生。

同时，财务部门还要负责系统的日常运维工作，如数据备份与恢复、系统性能优化、故障排查与修复等。定期对系统数据进行备份，确保在系统出现故障或数据丢失时能够及时恢复数据，保障财务工作的连续性；通过对系统性能的监测与分析，及时发现并解决可能影响系统运行效率的问题，如数据库查询缓慢、服务器负载过高等，确保系统始终处于良好的运行状态。

(二) 预算编制、执行与监控核心执行者

组织预算编制、执行与监控是财务部门在预算管理方面的核心任务。在预算编制阶段，财务部门要发挥专业引领作用，制定详细的预算编制模板与要求，明确预算编制的范围、内容、格式以及编制方法等。例如，规定各部门在编制预算时应按照收入预算、成本预算、费用预算等分类进行编制，并提供相应的预算编制表格和说明文档，使各部门能够清楚地了解预算编制的具体要求。

同时，财务部门还要对各部门提交的预算申报数据进行严格审核，运用财务分析方法和专业经验，对预算数据的合理性、准确性以及完整性进行评估。例如，审核业务部门申报的项目预算时，要分析项目的可行性、成本效益比、资金来源与使用计划等因素，确保预算编制既符合组织的战略目标，又具有实际可操作性。在预算执行阶段，财务部门要建立健全预算执行监控机制，实时跟踪各部门的预算执行情况。通过财务信息系统，及时获取各部门的财务收支数据，对比预算指标与实际执行数据，分析预算执行的差异及其原因。例如，如果发现某部门的某项费用支出超出了预算额度，财务部门要及时与该部门沟通，了解具体情况：是因为业务量增加导致费用上升，还是存在不合理的开支行为，以便采取相应的措施进行调整和控制。在预算监控过程中，财务部门要定期生成预算执行报告，向组织领导班子和各部门反馈预算执行情况，为管理层的决策提供依据，同时让各部门清楚地了解自身的预算执行进度，以便及时调整工作策略。

(三) 财务核算与分析强化拓展者

进行财务核算与分析是财务部门的传统核心职能，这一职能得到了进一步的强化与拓展。财务部门要依据会计准则和组织的财务制度，通过财务信息系统对组织的经济业务进行准确、及时的核算。从原始凭证的录入、记账凭证的生成到财务报表的编制，整个核算过程都要在财务信息系统中规范地进行，以确保财务数据的真实性、可靠性和可比性。例如，在收入核算方面，要严格按照收入确认原则，将组织的各项收入及时、准确地入账；在成本核算方面，要采用合理的成本核算方法，如品种法、分批法、分步法等，

对产品成本或服务成本进行精确计算，为成本控制和定价决策提供依据。

同时，财务部门还要利用财务信息系统强大的数据分析功能，对财务数据进行深入分析，挖掘数据背后的经济信息。通过财务比率分析、趋势分析、结构分析等方法，对组织的偿债能力、盈利能力、营运能力等进行全面评估，为组织的战略决策、预算管理以及绩效评价提供有力的支持。例如，通过分析资产负债率、流动比率等偿债能力指标，了解组织的债务负担和偿债风险；通过分析毛利率、净利率等盈利能力指标，评估组织的盈利水平和盈利质量；通过分析存货周转率、应收账款周转率等营运能力指标，掌握组织的资产运营效率和管理水平。

此外，财务部门还承担着为其他部门提供财务专业指导与服务的重要职责。在财务信息化与预算管理工作中，其他部门由于缺乏专业的财务知识和经验，可能会在工作过程中遇到各种财务问题。财务部门要积极主动地为他们提供帮助和指导。例如，在预算编制过程中，为业务部门讲解预算编制的方法和技巧，协助他们分析业务活动中的成本构成和收入来源，使业务部门能够编制出更加合理、准确的预算；在财务信息系统的使用过程中，为其他部门的员工提供操作培训和技术支持，帮助他们熟悉系统的功能和操作流程，提高工作效率。

同时，财务部门还要与其他部门保持良好的沟通与协作关系，及时了解他们的财务需求和意见建议，不断优化财务工作流程和服务质量，促进组织内部的协同发展①。

三、业务部门

业务部门作为组织开展各项业务活动的主体力量，在财务信息化与预算管理体系中扮演着预算执行的关键角色，也是财务信息的重要提供者和财务信息化建设的积极参与者。其职责与组织的业务运营紧密相连，犹如车轮上的一根根辐条，支撑着整个组织的财务运转与发展。

① 张秀茹．深化我国预算管理制度改革的路径探析 [J]．地方财政研究，2023(7):43-44.

(一) 预算执行与成本控制主体

业务部门是预算执行的核心主体，负责依据预算安排开展各项业务活动，并严格控制成本费用支出。在业务开展过程中，业务部门首先要根据组织的战略目标和年度工作计划，结合自身的业务需求，合理申报项目预算。例如，销售部门在制定年度销售计划时，要根据市场调研情况、销售目标以及营销活动安排等因素，详细测算所需的人员费用、广告宣传费用、差旅费等预算项目，并提交财务部门进行审核。在预算执行过程中，业务部门要严格按照预算指标和财务制度的要求开展业务活动，确保每一项支出都在预算范围内。例如，采购部门在进行物资采购时，要遵循预算控制原则，选择性价比高的供应商，合理确定采购数量和采购价格，避免超预算采购行为的发生。

同时，业务部门还要积极采取措施控制成本费用支出，以提高资金使用效率。通过优化业务流程、加强内部管理、提高员工工作效率等方式，降低业务活动中的各项成本。例如，生产部门可以通过改进生产工艺、提高原材料利用率、减少废品损失等措施，降低产品生产成本；研发部门可以合理安排研发项目进度，避免资源浪费，降低研发成本。在预算执行过程中，业务部门要及时反馈业务进展与财务收支情况，定期向财务部门报送业务报表和财务数据，使财务部门能够实时掌握预算执行情况，以便及时进行监控和调整。

(二) 业务数据与预算信息提供者

提供业务相关数据与预算需求信息是业务部门在财务信息化与预算管理体系中的另一重要职责。业务部门作为组织业务活动的直接参与者，掌握着大量与业务运营相关的第一手数据，这些数据对于财务核算、预算编制以及财务分析等工作具有至关重要的价值。例如，销售部门掌握着客户信息、销售订单信息、销售业绩数据等，生产部门了解生产进度、原材料消耗、产品质量等数据，人力资源部门清楚员工人数、薪酬福利、培训费用等信息。业务部门要及时、准确地将这些数据提供给财务部门，以便财务部门能够进行全面的财务核算和深入的财务分析。

同时，在预算编制阶段，业务部门要根据业务发展规划和实际需求，向财务部门提供详细的预算需求信息。例如，市场部门根据市场推广计划，提出广告宣传费用、市场调研费用等预算需求；研发部门根据研发项目规划，申报研发设备购置费用、研发人员薪酬等预算项目。业务部门提供的预算需求信息要具有合理性、准确性和前瞻性，要充分考虑到业务发展的不确定性因素和潜在风险，使预算编制能够更加贴近实际业务需求，为组织的战略决策提供可靠的依据。

(三) 财务信息化建设配合者

配合财务部门进行财务信息化建设也是业务部门的重要职责之一。财务信息化建设，是财务部门的工作，更是涉及组织各个部门的系统工程。业务部门作为财务信息系统的主要用户之一，其对系统的使用体验和需求反馈对于系统的成功建设和有效应用具有关键意义。

在财务信息系统的选型和设计阶段，业务部门要积极参与其中，根据自身的业务流程和工作需求，提出对系统功能和操作界面的意见建议。例如，销售部门可能希望财务信息系统能够提供更加便捷的销售订单查询功能和客户信用管理功能；采购部门可能要求系统能够实现与供应商的信息共享和采购流程的自动化处理。在系统实施过程中，业务部门要配合财务部门和信息技术部门进行系统的培训和推广工作，组织员工参加系统操作培训，积极引导员工使用财务信息系统开展工作，逐步改变传统的工作习惯和业务模式。

同时，业务部门还要在系统使用过程中及时反馈系统存在的问题和不足之处，协助财务部门和信息技术部门进行系统的优化和升级，使财务信息系统能够更好地满足业务部门的工作需求，以提高组织的整体工作效率。

第二节　内部高效沟通的信息化工具与技巧

在数字化时代，财务信息化与预算管理工作对组织内部的沟通协作提出了更高的要求。有效的沟通能够打破部门壁垒，促进信息流通，提高工作效率，确保财务信息化与预算管理工作的顺利推进。而信息化工具的恰当运用以及沟通技巧的良好掌握则成为实现内部高效沟通的关键因素。

一、即时通信软件在内部沟通中的应用

(一) 多部门沟通的快速通道

即时通信软件作为一种广泛普及且便捷高效的沟通工具，在财务信息化与预算管理的内部沟通中发挥着极为重要的作用。通过建立内部工作交流群，能够将财务、业务、信息技术等不同部门的人员紧密地联系在一起，实现信息的即时共享与交流互动。

在日常工作中，即时通信软件为解决各类工作事项提供了快速通道。例如，在预算申报期间，业务部门人员常常会遇到诸多关于预算申报表格填写、预算项目分类以及申报流程等方面的问题。此时，他们可以直接在内部工作交流群中向财务部门的专业人员进行咨询，财务人员能够迅速给予回应，详细解答业务人员的疑惑，确保预算申报工作的准确性和规范性。这种即时的互动沟通避免了传统沟通方式中可能出现的邮件回复延迟或电话占线等问题，大大提高了沟通的及时性，使得预算申报工作能够顺利进行，减少因沟通不畅而导致的申报错误或延误。

同时，当财务信息系统出现故障时，信息技术部门的人员可以通过即时通信软件及时收到来自财务部门或其他使用部门的反馈信息。故障反馈信息能够包括系统报错提示、异常现象描述以及操作步骤等详细内容，这有助于信息技术人员快速定位问题所在，判断故障的严重程度，并及时采取相应的解决措施。例如，如果财务人员在操作过程中发现系统无法正常登录，他们可以在交流群中立即告知信息技术人员，并提供诸如登录界面的错误提示信息、是否在特定操作后出现故障等相关细节。信息技术人员根据这些信息，能够迅速排查服务器连接、用户权限设置、系统软件更新等可能引发故障的因素，及时修复系统故障，最大限度地减少系统停机时间对财务工作的影响，保障财务信息化系统的稳定运行。

（二）信息共享的便利平台

即时通信软件为部门之间的信息共享提供了便利平台。财务部门可以在交流群中及时发布与预算管理相关的政策法规变化、财务制度更新以及近期工作重点等信息，使其他部门能够第一时间了解并适应这些变化。业务部门也可以分享市场动态、业务进展情况以及对财务预算可能产生影响的因素等内容，为财务部门制定合理的预算方案和进行财务分析提供参考依据。例如，市场部门了解到原材料价格近期可能大幅上涨的信息后，可以在交流群中及时告知财务部门和生产部门。财务部门据此可以提前规划预算调整方案，预留足够的资金应对成本上升；生产部门则可以考虑优化生产工艺或寻找替代材料，以控制生产成本。通过这种信息共享，各部门能够更好地协同工作，提高组织整体的应变能力和决策效率。

然而，在使用即时通信软件进行沟通时，也需要注意以下问题：

首先，要确保信息的准确性和完整性。由于即时通信软件的沟通较为随意和快捷，容易出现信息表述不清晰、关键信息遗漏等情况，因此在发送重要信息时，发送者应仔细核对内容，尽量使用简洁明了的语言表达完整的意思，并可以适当采用截图、附件等方式补充详细信息。例如，在传达财务报表数据时，可以将报表截图发送到群里，并对关键数据进行文字说明，确保接收者能够准确理解信息。

其次，要注意信息的保密性。财务信息往往涉及组织的商业机密和敏感数据，在即时通信软件交流过程中，要避免泄露这些敏感信息。对于涉及机密的内容，可以采用单独私聊或加密传输的方式进行沟通，确保信息安全。

最后，要合理管理交流群的信息秩序。随着交流群使用时间的增长和信息量的增加，可能会出现信息刷屏、重要信息被淹没等问题。群管理员应定期对群信息进行整理和归纳，建立信息分类目录或置顶重要通知，方便群成员查找和回顾信息，提高信息的利用效率[①]。

① 宋雪，左欢．基于大数据技术的会计信息共享平台构建研究 [J]. 中国管理信息化，2024(8):23-25.

二、工作流管理系统对沟通效率与透明度的提升

（一）审批流程的自动化变革

工作流管理系统作为一种专门用于优化业务流程、提高工作协同性的信息化工具，在财务审批流程以及相关工作协作方面具有显著优势。通过实现财务审批流程自动化与可视化，它有效地解决了传统审批过程中存在的诸多问题，极大地提升了沟通效率与透明度。

在传统的财务审批模式下，如预算申请、报销申请等往往需要申请人手动填写纸质申请表，然后依次找各级审批人签字盖章。这种方式不仅耗费大量的时间和精力，而且审批进度难以跟踪查询，容易出现申请表丢失、审批流程停滞等问题。而工作流管理系统的应用彻底改变了这一局面。各部门人员只需在系统中轻松提交预算申请、报销申请等各类表单，系统便会按照预设的审批流程自动将申请推送至相关审批人。例如，业务部门员工提交一份项目预算申请后，系统根据预先设定的规则，首先将申请发送给部门负责人进行初审。部门负责人在收到系统提醒后，可以直接在系统中查看申请的详细内容，包括项目背景、预算明细、预期收益等信息，并进行审批操作。如果初审通过，系统会自动将申请流转至财务部门进行专业审核，财务人员对预算的合理性、合规性以及与组织财务状况的匹配性进行评估后，再将申请提交给更高层级的领导进行最终审批。整个审批过程无须人工传递纸质文件，大大缩短了审批周期，提高了工作效率。

（二）沟通透明度的显著提升

工作流管理系统的可视化特点为沟通提供了极大的便利。申请人可以实时查看审批进度，了解自己的申请目前处于哪个审批环节，是正在等待审批、已被退回修改还是已经审批通过。这种透明的审批流程使得申请人能够及时掌握情况，避免了因信息不对称而产生的焦虑和误解。例如，在预算申请过程中，如果申请人发现申请在某个审批环节停留时间过长，可以通过系统提醒审批人或与相关人员进行沟通，了解是否存在特殊情况或需要补充其他材料，从而及时采取措施推动审批流程的顺利进行。对于审批人来说，系统也

会提供清晰的审批历史记录和相关数据支持，方便他们在审批时参考以往的审批意见和决策依据，作出更加合理准确的判断。例如，财务部门在审核预算申请时，可以查看该部门以往项目的预算执行情况、成本控制效果等数据，结合本次申请的具体情况，决定是否批准申请以及是否需要提出修改建议。

此外，工作流管理系统还能够促进部门之间的协作沟通。在审批过程中，不同部门的审批人可能需要对申请内容进行讨论和协商。工作流管理系统可以提供在线评论、意见反馈等功能，方便审批人之间进行交流互动。

（三）系统实施的要点把控

1. 精心设计审批流程

审批流程的合理性直接影响到工作流管理系统的运行效果。在设计流程时，要充分考虑组织的管理架构、业务特点以及风险控制要求，明确各个审批环节的职责权限和审批标准，避免流程过于烦琐或存在漏洞。例如，对于一些小额预算申请，可以简化审批流程，减少不必要的审批环节，提高审批效率；而对于重大项目的预算申请，则要设置多部门联合审批、专家评审等环节，确保决策的科学性和严谨性。

2. 加强系统培训与推广

工作流管理系统的有效使用需要全体员工的积极参与和熟练掌握。组织应开展系统培训活动，使员工了解系统的功能和操作方法，特别是对于涉及频繁使用系统进行申请和审批的人员，要进行重点培训，确保他们能够正确使用系统完成各项工作任务。同时，要通过宣传推广等方式，提高员工对工作流管理系统的认知度和接受度，鼓励员工积极使用系统，逐步改变传统的工作习惯和沟通方式。

3. 注重系统数据的维护与管理

工作流管理系统在运行过程中会积累大量的数据，这些数据对于组织的管理决策、流程优化以及风险评估等具有重要价值。组织要建立健全数据维护与管理机制，定期对系统数据进行备份、清理和分析，确保数据的准确性、完整性和安全性。同时，要利用数据分析工具对系统数据进行挖掘和利用，发现审批流程中存在的潜在问题和优化空间，不断完善工作流管理系统，提高组织的管理水平和工作效率。

三、视频会议工具在远程沟通与培训中的应用

(一) 远程培训的高效途径

随着组织规模的不断扩大以及业务范围的日益拓展，跨地域沟通与协作成为财务信息化与预算管理工作中不可避免的挑战。视频会议工具的出现为解决这一问题提供了有效的解决方案，它在远程沟通与培训方面有着独特的优势，能够极大地节省时间与成本，提高沟通效果。

在预算编制培训过程中，视频会议工具的应用使得组织能够突破地域限制，将不同地点的人员聚集在一起进行同步培训。例如，对于一个拥有多个分支机构的组织来说，以往在进行预算编制培训时，可能需要培训讲师分别前往各个分支机构进行现场授课，这不仅耗费大量的时间和差旅费用，而且由于培训时间和地点的限制，可能无法确保所有相关人员都能够参加培训。而通过视频会议工具，培训讲师可以在总部的会议室或培训室进行授课，各个分支机构的员工只需在当地的会议室或通过个人电脑、移动设备等终端接入视频会议系统，即可实时观看培训课程。培训过程中，讲师可以通过视频展示预算编制的模板、讲解编制的方法和技巧、分享实际案例以及进行操作演示等，与现场培训具有相似的效果。

同时，学员们可以通过视频会议系统的互动功能，如提问、回答、举手发言等，与讲师进行实时互动交流，及时解决心中的疑惑。这种远程培训方式不仅提高了培训的覆盖面和效率，还能够保证培训内容的一致性和准确性，使得组织内所有参与预算编制的人员都能够接受到统一标准的培训，以提高预算编制的整体质量。

(二) 项目评审的便捷方式

在项目预算评审环节，视频会议工具同样发挥着重要作用。当组织对一些重大项目的预算进行评审时，往往需要涉及多个部门、多个专业领域的人员参与，这些人员可能分布在不同的地区。通过视频会议，项目负责人可以将项目预算方案通过屏幕共享的方式展示给所有评审人员，详细介绍项目的背景、目标、预算构成以及预期效益等内容。评审人员可以在各自的所在地实时查看方

案内容，并进行深入讨论和评估。他们可以针对预算中的某个项目提出疑问、发表意见或建议，其他评审人员和项目负责人可以立即进行回应和解答。这种远程评审方式避免了评审人员因长途奔波而浪费时间和精力，大大缩短了评审周期，提高了评审效率。同时，由于视频会议可以记录整个评审过程，便于后续的回顾和总结，为项目预算的最终决策提供了完整的依据。

（三）日常协作的重要手段

视频会议工具在日常的远程沟通协作中发挥着重要作用。例如，在财务信息化项目的实施过程中，财务部门、业务部门和信息技术部门的人员需要经常进行沟通协调，解决项目实施过程中出现的各种问题。由于这些部门的人员可能不在同一地点办公，因此视频会议工具成为他们进行高效沟通的重要手段。他们可以通过视频会议定期召开项目进度汇报会、问题研讨会等，及时交流项目进展情况，分享工作经验，协调解决问题。在沟通中，各方人员可以通过视频展示相关的文档、数据、系统界面等信息，使沟通更加直观、清晰，从而提高沟通效果。

第十二章 财务信息化与预算管理的未来发展趋势

第一节 技术驱动下的财务信息化变革趋势

随着人工智能、大数据、云计算等前沿技术的不断演进与广泛应用，财务信息化正踏上一场深刻的变革之旅，呈现出一系列令人瞩目的发展趋势，这些趋势将极大地改变财务工作的模式、效率与价值创造能力，为组织在日益复杂多变的市场环境中提供更为强劲的竞争力与决策支持。

一、智能化应用拓展

智能化技术在财务信息化范畴内的深度渗透与广泛拓展应用，正逐步将传统财务工作从繁重的手工操作以及机械性任务的束缚中解脱出来，引领财务工作步入一个全新的智能化纪元。智能财务系统最为突出的核心优势之一体现在其卓越非凡的自动识别与处理各类财务票据的能力之上，这一功能的实现宛如为财务流程注入了一股高效精准且自动化的强大力量。

（一）票据智能处理

以发票自动识别录入为例，在传统的财务处理流程中，发票的录入工作常常需要财务人员耗费大量的时间与精力，手动逐一输入发票上诸如发票代码、号码、开票日期、金额、税率、购货方与销货方信息等各项详细信息。这一过程不仅效率极为低下，而且极易因人为疏忽而导致数据录入错误，进而对财务数据的精确性以及后续财务处理工作的质量产生严重影响。然而，伴随智能财务系统的蓬勃兴起，借助先进的光学字符识别（OCR）技术与智能算法，系统能够对发票图像或电子文档展开快速扫描与精准识别，自动提取发票中的关键信息，并将其准确无误地录入财务信息系统中相应的会计科目与账务记录里。例如，当某个组织收到一张纸质增值税专用发票时，只需将发票扫描件上传至智能财务系统，系统便能在瞬间完成发票信息的识别与录入工作，整个过程高效流畅，且准确率可高达99%以上。这不仅极大地减轻了财务人员的工作负担，使其能够将更多的时间与精力聚焦于更高价值的财务分析与决策支持工作之中，同时显著降低了因人工操作而引发的数据错误风险，为财务数据的真实性与可靠性筑牢了坚实的保障根基。

(二) 报销智能审核

除了发票自动识别录入功能，智能报销凭证智能审核功能同样具备重大的变革性价值与深远意义。在传统的报销流程中，财务人员需要对每一份报销凭证进行细致入微的人工审核，仔细核对报销事项的真实性、合规性、金额的准确性以及审批流程的完整性等多个关键方面。这一过程不仅要求财务人员具备深厚扎实的财务知识与敏锐精准的审核洞察力，而且由于涉及大量的人工判断与操作，审核效率往往难以实现有效提升。而智能财务系统中的报销凭证智能审核功能则通过构建一套完善的智能审核规则引擎与机器学习模型，能够对报销凭证进行自动化、智能化的审核剖析。系统首先依据预设的审核规则，对报销凭证中的各项信息展开快速筛查，例如检查发票真伪、比对报销金额是否超出预算额度、判断报销事项是否契合组织的财务制度与报销政策等。与此同时，借助机器学习技术，系统能够持续学习与积累过往的审核经验，自动识别出一些异常报销模式或潜在的风险隐患点。例如，如果某工作人员频繁提交高额的餐饮报销费用，且报销地点集中于少数几家高档餐厅，系统便会自动将该报销凭证标记为异常，提示财务人员进行进一步的核实与审查。通过这种智能化的审核方式，不仅能够大幅提高报销审核的效率，将原本可能耗费数小时甚至数天的审核时间大幅缩短至几分钟甚至几秒钟，同时能够显著增强审核的准确性与全面性，有效防范各类财务风险与违规报销行为的发生，为组织的财务管理与内部控制提供更为强劲有力的支撑。

(三) 智能分析决策

智能财务系统的智能分析功能更是其智能化应用的核心亮点与关键所

在，它为财务决策提供了前所未有的智能化有力支持。在过去，财务分析工作主要依赖于财务人员手动收集、整理与分析财务数据，通过运用各种财务分析方法与工具，如比率分析、趋势分析、结构分析等，生成财务分析报告，为管理层提供决策依据。然而，这种传统的财务分析模式存在诸多局限性，如分析过程耗时费力、分析结果的及时性与准确性难以获得有效保障、难以对海量复杂的财务数据进行深度挖掘与多维度分析等。而智能财务系统的智能分析功能则借助大数据分析技术、人工智能算法以及自然语言处理技术等前沿技术手段，能够对海量的财务历史数据与实时信息进行快速整合、深度挖掘与智能分析，自动生成内容丰富、形式多样且极具洞察力的财务分析报告。例如，系统可以根据组织过去数年的财务报表数据、业务数据以及相关的其他数据，运用数据挖掘算法自动识别出组织的主要收入来源、成本驱动因素、利润增长点以及潜在的财务风险点，并通过可视化图表的形式直观地展示在财务分析报告中，使管理层能够一目了然地洞悉组织的财务状况与经营成果。同时，智能分析功能还能够依据实时的财务数据与相关动态信息，运用预测模型对组织未来的预算执行趋势、财务指标变化趋势以及可能面临的风险状况等进行精准预测与模拟分析，为管理层制定战略规划、决策调整以及风险应对策略等提供及时、准确且具有前瞻性的决策支持信息。例如，在预算执行进程中，智能财务系统可以根据当前的业务进展情况、成本费用支出状况以及相关的外部环境变化趋势等实时信息，预测未来几个月内各个部门的预算执行进度与可能出现的预算偏差情形，并提前向管理层发出预警信息，同时提供相应的调整建议与优化方案，助力管理层及时采取行之有效的措施进行预算管控与资源调配，确保组织的预算管理目标能够顺利达成[①]。

二、大数据融合深化

大数据技术在财务信息化领域的融合应用正日益深入且广泛，其强大无比的数据整合与深度挖掘分析能力为财务工作开辟了全新的视野与方法路径，尤其是在预算编制环节，大数据的深度融合为提升预算的前瞻性与适应性奠定了坚实的基础。

① 李晓丽．财务共享模式下管理会计信息化建设 [J]. 投资与创业，2024(9):24–25.

(一) 数据多元整合

传统的预算编制往往主要依赖于组织内部的历史财务数据以及业务部门所提供的有限信息，如过去几年的收支数据、成本数据以及下一年度的业务计划与目标等。这种基于有限数据的预算编制方式存在着显著的局限性，容易致使预算与实际市场环境相脱节，缺乏对外部市场变化的敏锐感知与前瞻性预判。例如，在宏观经济形势发生重大转变、所处行业竞争格局出现剧烈变动或市场需求产生突发波动时，传统预算编制方法通常难以迅速捕捉到这些外部因素的变化，并相应地对预算计划进行调整优化，从而使组织在面对外部不确定性时显得应对乏力，极有可能导致预算执行过程中出现较大偏差，资源配置不合理，甚至对组织的战略目标实现造成不利影响。

而随着大数据技术的持续发展与广泛应用，财务信息化系统能够整合更为多元化的数据资源，不仅涵盖组织内部的财务与业务数据，还将广泛纳入外部宏观经济数据、行业数据、市场数据以及其他相关数据等多维度信息。通过对这些海量、多源、异构的数据进行深度整合与清洗处理，剔除其中的噪声数据与冗余信息，构建起一个全面、精确且实时更新的数据仓库，为预算编制提供了更为丰富、完备的数据基石。例如，财务信息化系统可以从政府统计部门、金融机构、行业协会、专业数据提供商等多个外部数据源获取宏观经济数据，如国内生产总值（GDP）增长率、通货膨胀率、利率水平、汇率波动等信息，以及行业数据，如行业平均利润率、市场规模增长率、主要竞争对手的相关数据等信息。同时，系统还能够实时采集组织内部各个业务环节产生的财务与业务数据，如业务订单数据、业务进展数据、库存数据、人力资源数据等，并将这些内部数据与外部数据进行有机融合，形成一个完整的数据生态体系。

(二) 深度挖掘剖析

在深度挖掘分析这些丰富的数据资源方面，大数据技术采用了一系列先进的数据分析算法与模型，如数据挖掘算法中的聚类分析、关联规则挖掘、决策树算法等，以及机器学习模型中的回归分析、时间序列分析、神经网络模型等。借助这些数据分析工具，能够从海量数据中自动识别出隐匿于其中的各种有价值的信息与潜在的规律模式，为预算编制提供更为深入、精准的决策依据。例如，通过对宏观经济数据与行业数据的分析，可以预测未来一段时间内市场需求的总体走向、行业发展的热点领域以及可能遭遇的市场风险与机遇。倘若宏观经济数据显示未来一年国内经济将步入温和增长期，且行业数据表明某一新兴细分市场将呈现快速扩张态势，那么组织在编制预算时便可以适度增加对相关业务领域的资源投入，提前布局，抢占市场先机。同时，通过对内部财务与业务数据的深度挖掘分析，可以精准地识别出组织内部各个业务部门的成本架构、收入驱动因素以及资源利用效率等关键信息，为预算编制提供更为细致、精确的部门层面预算数据。例如，通过对业务数据的分析，可以发现不同区域、不同业务类型的业务业绩差异以及业务季节性波动规律，从而为业务部门制定更为合理的业务预算提供依据；通过对相关数据的分析，可以确定不同业务环节的成本控制点与产能利用率状况，为相应部门编制成本预算与业务计划提供有力支撑。

（三）前瞻适应提升

基于大数据融合深化的预算编制方式，能够显著提高预算的前瞻性与适应性。在面对外部复杂多变的市场环境时，组织能够及时依据大数据分析结果调整预算策略与资源配置方案，使预算更好地契合市场变化，降低因市场不确定性而引发的风险。例如，当大数据分析显示某一主要原材料的价格将在未来几个月内大幅攀升时，组织可以提前调整采购预算，增加原材料采购量或与供应商签订长期供应合同，锁定采购价格，从而有效管控成本；当行业竞争加剧，竞争对手推出极具竞争力的新产品或营销策略时，组织可以通过大数据分析了解竞争对手的优势与劣势，及时调整自身的相关预算与计划，提升自身的市场竞争力。此外，大数据融合还能够促进组织内部各部门之间的协同合作与信息共享，打破部门之间的数据壁垒，使预算编制过程更为透明、高效。例如，财务部门可以与业务部门、相关管理部门等密切协作，共同基于大数据分析结果制定跨部门的综合预算计划，确保各个部门的预算目标与组织的整体战略目标保持一致，实现资源的优化配置与协同发展。

三、云计算服务普及

云计算服务在财务信息化领域的兴起与广泛普及正逐步改变着组织构建与管理财务信息系统的传统模式，为组织带来了诸多显著优势，涵盖降低建设与运维成本、提高资源利用效率以及增强系统的弹性扩展能力等多个方面，这些优势使得云计算服务成为越来越多组织在财务信息化建设进程中的优先选择方案。

(一) 成本效益变革：轻资产运营优势

在传统的财务信息系统建设模式下，组织通常需要自行投入大量的资金与资源来构建大规模的数据中心，购置昂贵的服务器、存储设备、网络设备以及各种软件许可证等硬件与软件设施。这不仅要求组织具备雄厚的资金实力与专业的技术团队来开展系统的规划、设计、建设与维护工作，而且建设周期往往较为漫长，从项目规划到系统上线可能需要数月甚至数年之久。此外，伴随组织业务的持续拓展与财务数据量的快速增长，还需要不断对硬件设备进行升级与扩容，这进一步加重了组织的投资成本与技术管理难度。例如，某个中型规模的组织在建设自身的财务信息系统时，可能需要购置数十台服务器以满足日常业务处理与数据存储需求，同时还需要配备专业的网络工程师、系统管理员与数据库管理员等技术人员来保障系统的稳定运行。随着组织业务规模的逐步扩大，每年还需要投入大量资金用于服务器的硬件升级、软件更新以及人员培训等方面，这对于组织而言无疑是一项极为沉重的负担。

而云计算服务模式的出现为组织提供了一种全新的财务信息系统建设与管理思路。云服务提供商通过构建大规模的数据中心与云计算平台，整合了强大的计算能力、海量的存储资源以及丰富多样的软件应用，以服务租赁的方式提供给组织使用。组织无须自行建设与维护复杂的硬件基础设施与软件系统，只需依据自身的业务需求与实际使用量向云服务提供商租赁相应的云计算资源与服务，如计算能力、存储容量、财务软件应用等，并按照使用时长或使用量支付费用。这种按需使用、按需付费的服务模式极大地削减了组织的财务信息系统建设与运维成本。例如，一个小型规模的组织若采用云计算服务模式构建财务信息系统，每月仅需支付几千元的云服务费用，便可获取与传统自建模式下相当甚至更为强劲的计算能力与存储资源，以及专业的财务软件应用服务，而无须一次性投入数十万元甚至数百万元的建设资金，同时无须担忧硬件设备的升级与维护难题，大幅减轻了组织的资金压力与技术负担。

（二）弹性扩展赋能：灵活应变市场

除了降低成本，云计算服务的弹性扩展能力亦是其深受组织青睐的关键因素之一。在当今数字化时代，组织的业务发展与市场环境变化迅速，财务数据量也呈现出爆发式增长的态势。传统的自建财务信息系统往往难以迅速适应这种业务与数据量的动态变化，当业务量陡然增加或数据存储需求超出系统设计容量时，可能会导致系统性能下滑、响应速度迟缓甚至出现系统崩溃等问题。而云计算服务平台则具备强大的弹性扩展能力，能够依据组织的业务需求与财务数据增长情况自动动态调整资源分配。例如，在组织的财务结算周期或业务繁忙期来临之际，业务量与财务数据处理量会大幅攀升，此时云计算平台可以自动为组织分配更多的计算资源与存储容量，以满足其临时的高峰需求；而在业务淡季或数据量减少时，平台又可以自动回收多余的资源，避免资源浪费。这种弹性扩展能力不仅能够确保财务信息系统始终维持良好的性能与响应速度，为组织的业务运营提供稳定可靠的支撑，同时能够提高资源利用效率，使组织能够更为灵活地应对市场变化与业务发展需求。

（三）安全防护升级

云计算服务提供商通常拥有专业的安全保障团队与先进的安全技术举措，能够为组织的财务数据提供更为可靠的安全防护。在云计算环境下，数据存储与处理均在云服务提供商的数据中心进行，云服务提供商通过采用数据加密技术、访问控制技术、网络安全防护技术以及定期的数据备份与恢复措施等，确保财务数据的保密性、完整性与可用性。例如，云服务提供商可能会对存储在云端的财务数据进行加密处理，唯有经过授权的用户运用特定的密钥才能解密访问数据；同时，通过设置严格的访问权限与身份认证机制，防范非法用户对财务数据进行访问与篡改；在网络安全防护方面，采用防火墙、入侵检测系统、防病毒软件等多种安全技术手段，抵御外部网络攻击与恶意软件入侵，并且定期对财务数据进行全量与增量备份，保障业务的连续性。相较而言，传统自建财务信息系统由于受限于组织自身的技术实力与安全投入，在数据安全防护方面可能存在一定的薄弱环节，难以企及与云计算服务提供商相媲美的安全水准。

第二节　财务信息化与预算管理的整合新貌

在当今数字化浪潮的席卷之下，财务信息化与预算管理正逐步走向深度整合的新阶段，呈现出一系列令人瞩目的新面貌与新特征。这一整合进程不仅依托于前沿技术的强力驱动，还源于组织内部对于精细化管理、战略决策优化以及风险防控强化的迫切需求。通过全方位、多层次的整合，财务信息化与预算管理将在数据交互共享、流程无缝衔接、决策智能支持以及风险预警防控等多个维度实现质的飞跃，进而为组织构建起更为高效、稳健且富有前瞻性的财务管理体系，有力地推动组织在复杂多变的市场环境中实现可持续发展的战略目标。

一、数据一体化融合

财务信息化与预算管理整合的首要体现是数据层面的一体化融合。在传统的管理模式下，财务数据与预算数据往往分散存储于不同的系统或平台之中，数据格式与口径的差异导致数据的整合与分析面临重重困难，信息孤岛现象严重制约了数据价值的充分挖掘与有效利用。然而，随着信息技术的迅猛发展，尤其是数据仓库、数据湖等大数据存储与管理技术的日益成熟，为财务数据与预算数据的一体化融合提供了坚实的技术支撑。

如今，组织能够构建起统一的数据平台，将财务核算数据、预算编制数据、预算执行数据以及各类相关的业务数据进行集中整合与存储。例如，在这个统一的数据平台中，财务部门的总账数据、明细账数据、报表数据与预算部门的预算项目数据、预算分配数据、预算调整数据能够实现无缝对接，同时还能整合来自业务前端的销售数据、采购数据、生产数据、库存数据等。通过数据清洗、转换与标准化处理，消除数据之间的不一致性与冗余信息，形成一套完整、准确且实时更新的财务与预算数据资产。

这种数据一体化融合为组织带来了诸多显著优势。首先，在预算编制环节，借助丰富且全面的数据资源，预算编制人员能够深入分析历史财务数据与业务数据的内在规律，精准预测未来的业务发展趋势与财务状况，从而制定出更为科学合理、贴合实际的预算方案。例如，通过对过去数年销售数据的季节性波动分析以及与宏观经济数据的相关性研究，预算编制人员可以更准确地预估下一年度不同产品或服务在不同时间段的销售规模，进而合理安排销售预算、生产预算、采购预算以及相关的成本费用预算，避免预算编制的盲目性与主观性。

其次，在预算执行监控与分析过程中，数据的一体化融合使得财务信息系统能够实时获取预算执行数据，并与预算目标进行对比分析，及时发现预算偏差及其背后的深层次原因。例如，当某一部门的费用支出超出预算预警线时，系统可以迅速追溯到该部门的具体业务活动，分析是业务量增加导致正常费用上升，还是存在费用管控不力、资源浪费等问题。通过这种深度的数据挖掘与分析，能够为管理层提供及时、准确且具有可操作性的决策建议，帮助其采取针对性的措施进行预算调整与业务优化，确保预算执行的有效性与可控性。

此外，数据一体化融合还为组织的战略决策提供了更为强大的数据支持。管理层能够基于整合后的财务与预算数据，全面评估组织的资源配置效率、盈利能力、偿债能力以及市场竞争力等关键指标，洞察组织在不同业务领域、不同市场区域以及不同产品生命周期阶段的发展态势，从而制定出更为精准、富有前瞻性的战略规划与投资决策。例如，通过对财务与预算数据的综合分析，发现某一新兴业务领域虽然目前在组织整体营收中占比不大，但呈现出高速增长的趋势且具有良好的盈利能力与市场潜力，管理层便可据此加大对该领域的资源投入与战略布局，推动组织的业务转型与创新发展。

二、流程自动化衔接

财务信息化与预算管理的整合还显著体现在流程自动化衔接方面，旨在打破传统财务与预算流程之间的壁垒，构建起高效流畅、协同联动的自动化业务流程体系，大幅提升工作效率，降低人为错误风险，实现财务与预算管理流程的无缝对接与高效运转。

(一) 预算编制流程自动化

在预算编制流程中，借助信息化系统的强大功能，实现了从预算模板设计、数据收集与汇总、预算草案生成到预算审批与下达的全流程自动化。例如，预算管理部门可以在系统中预先定制标准化的预算编制模板，明确规定各部门所需填报的预算项目、格式要求以及数据来源等信息。各部门按照系统提示在线填写预算数据后，系统能够自动进行数据的汇总与初步审核，检查数据的完整性、准确性以及逻辑一致性，如是否存在漏填项目、数据计算错误或预算项目之间的勾稽关系不符等问题。对于审核不通过的数据，系统自动反馈给填报部门进行修改，直至数据完全符合要求。预算草案生成后，系统根据预设的审批流程，自动将预算草案依次推送给各级审批人进行在线审批。审批人可以在系统中直观地查看预算草案的详细内容，并进行电子签名审批。审批过程中，系统还能够实时跟踪审批进度，提醒审批人及时处理待办事项，确保预算编制流程的高效推进。一旦预算获得最终审批通过，系统自动将预算数据下达至各执行部门，并同步更新财务信息系统中的预算控制参数，实现预算编制与执行的无缝衔接。

(二) 预算执行与控制自动化

在预算执行与控制流程中，财务信息系统与预算管理系统深度集成，实现了对预算执行过程的实时监控与自动化控制。当业务部门发生费用报销、采购付款、项目支出等财务交易时，财务信息系统首先对交易事项进行账务处理，同时自动触发预算控制机制，检查该笔交易是否超出预算额度、是否符合预算项目的使用范围以及是否遵循相关的财务审批流程等。如果交易符合预算要求，系统则正常进行账务处理，并实时更新预算执行数据；如果交易超出预算或存在其他违规情况，系统自动弹出预警信息，阻止交易继续进行，并将相关信息反馈给业务部门和预算管理部门。例如，某部门申请一笔差旅费报销，财务信息系统在处理报销申请时，自动比对该部门的差旅费预算余额，如果报销金额超出预算，系统立即发出预警，告知报销申请人及部门负责人预算超支情况，并要求其提供合理的解释或进行预算调整申请。通过这种自动化的预算执行与控制流程，有效避免了预算超支现象的发生，确保了预算执行的严肃性与规范性。

(三) 财务结算与预算分析自动化

在财务结算与预算分析流程中，流程自动化衔接同样发挥着重要作用。在财务期末结账时，财务信息系统能够自动生成各类财务报表，并根据预先设定的预算分析模型对财务数据与预算数据进行对比分析，生成详细的预算执行分析报告。报告内容包括预算执行进度、预算偏差情况、偏差原因分析以及针对偏差提出的改进建议等。这些分析报告可以自动推送给管理层和相关部门，为其提供及时、准确的决策依据。例如，每月财务结账后，系统自动生成的预算执行分析报告能够清晰地展示各部门各项预算指标的完成情况，如收入预算完成率、成本预算节约率、费用预算控制率等，管理层通过查看报告，能够迅速了解组织整体预算执行状况，发现存在的问题，并及时调整管理策略或资源分配方案，以保障组织预算目标的顺利实现[①]。

三、决策智能化支撑

随着人工智能、机器学习、数据挖掘等前沿技术在财务信息化与预算管理领域的深度应用，决策智能化支撑已成为两者整合的重要发展趋势之一。通过构建智能化决策模型与系统，能够对海量的财务与预算数据进行深度分析与挖掘，自动提取有价值的信息与知识，为管理层提供精准、及时且具有前瞻性的决策建议，助力组织在复杂多变的市场环境中做出更为科学合理的战略决策与管理决策。

(一) 预算决策智能化优化

在预算决策方面，智能化决策系统能够综合考虑多种因素，为预算编制、调整以及资源分配提供优化方案。例如，在预算编制的过程中，系统可以运用数据挖掘算法对历史财务数据、业务数据以及外部市场数据进行分析，挖掘出影响预算项目的关键因素及其相互关系，如销售业绩与广告投

① 都宁宁 . 财务共享服务视域下管理会计信息化发展研究 [J]. 财会学习，2024(27):28−29.

入、原材料价格与生产成本之间的关联度等。基于这些分析结果，结合组织的战略目标与发展规划，运用预测模型对未来的业务量、收入、成本、费用等进行预测，从而生成科学合理的预算草案。在预算执行的过程中，当面临外部环境变化或内部业务调整需要进行预算调整时，智能化决策系统能够根据实时的财务与预算数据，快速模拟不同的预算调整方案对组织财务状况和经营成果的影响，如分析增加或减少某一项目预算对利润、现金流以及资产负债结构的影响，并为管理层提供最优的预算调整建议，确保预算调整既能适应环境变化，又能最大限度地保障组织的整体利益。

(二) 财务决策全方位智能分析

在财务决策方面，智能化决策支持系统能够对组织的投资决策、融资决策、成本控制决策等提供全方位的智能分析与建议。例如，在投资决策中，系统可以对拟投资项目进行风险评估与收益预测。通过收集和分析大量的行业数据、市场数据以及项目相关数据，运用风险模型评估项目面临的市场风险、技术风险、财务风险等各类风险因素，并运用投资评估模型对项目的预期收益进行测算，如计算项目的净现值、内部收益率、投资回收期等关键指标。根据风险与收益的综合评估结果，为管理层提供是否投资以及投资规模与时机的决策建议。在融资决策中，系统可以分析组织的资金需求状况、资本结构以及不同融资渠道的成本与风险，为管理层制定最优的融资方案，如确定合适的债务融资与股权融资比例、选择融资成本最低且风险可控的融资渠道等。在成本控制决策方面，系统能够深入分析成本构成要素及其变动趋势，识别成本控制的关键点与潜在的成本节约机会，如通过对生产过程中原材料消耗、人工成本、设备利用率等数据的分析，提出优化生产工艺、降低原材料采购成本、提高劳动生产率等成本控制建议，帮助组织实现成本的精细化管理与有效控制。

此外，决策智能化支撑还体现在对组织战略规划的制定与调整提供有力协助。智能化决策系统能够基于对宏观经济环境、行业发展趋势、竞争对手动态以及组织内部资源与能力的全面分析，运用战略分析模型（如 SWOT 分析、波特五力模型等）为组织制定长期发展战略提供数据驱动的决策依据。例如，通过分析宏观经济数据预测未来市场需求的变化趋势，结合行业竞争态势评估组织在行业中的竞争地位与发展潜力，以及对组织内部财务资源、人力资源、技术资源等核心资源的评估，确定组织的战略定位与发展方向，如选择差异化战略、成本领先战略或集中化战略等。在战略执行过程中，系统能够持续监测内外部环境的变化，及时发现战略实施过程中的偏差与潜在风险，并提出战略调整建议，确保组织战略能够根据环境变化及时优化与调整，保持战略的适应性与有效性。

四、风险预警与防控协同

财务信息化与预算管理的整合在风险预警与防控方面也展现出强大的协同效应，通过构建一体化的风险预警防控体系，能够实时监测、识别与评估财务与预算管理过程中面临的各类风险，提前发出预警信号，并采取有效的防控措施，将风险损失控制在最低限度，保障组织的财务安全与稳健运营。

（一）全面监测识别风险

在风险监测与识别方面，整合后的财务信息系统与预算管理系统能够全面收集与分析内外部风险信息。内部风险信息包括财务数据的异常波动、预算执行偏差、内部控制缺陷、人员操作失误等，外部风险信息则涵盖宏观经济形势变化、政策法规调整、市场价格波动、竞争对手策略变化等。例如，财务信息系统通过对财务报表数据的实时监测，能够发现应收账款周转率突然下降、存货积压增加、毛利率异常波动等异常情况，这些可能预示着组织面临信用风险、库存管理风险或市场竞争风险加剧等问题。同时，预算管理系统能够监测到预算执行过程中的超支现象、预算项目进度滞后等情况，提示可能存在的预算管理风险。通过对这些内外部风险信息的整合与分析，运用风险识别模型（如风险矩阵、故障树分析等）能够准确识别出组织面临的各类风险及其潜在影响程度，为后续的风险评估与预警提供依据。

（二）量化评估风险等级

在风险评估环节，基于大数据分析与风险模型的应用，对识别出的风险进行量化评估，确定风险发生的概率、可能造成的损失以及风险的可控性等关键指标。例如，对于信用风险，可以通过分析客户的信用历史数据、财务状况数据以及行业信用评级数据，运用信用风险评估模型计算客户违约的概率，并结合应收账款余额评估违约可能造成的损失金额。对于市场风险，通过对宏观经济数据、行业市场数据以及竞争对手数据的分析，评估市场价格波动、市场需求变化等因素对组织收入、成本、利润等财务指标的影响程度，并确定风险的可控性。根据风险评估结果，将风险进行分类分级，如分为高、中、低风险等级，针对不同等级的风险制定相应的风险应对策略。

（三）预警防控及时有效

在风险预警与防控方面，当风险评估结果达到预设的预警阈值时，系统自动发出风险预警信号，并通过多种渠道，如系统弹窗、短信通知、邮件提醒等及时通知相关人员。同时，根据风险应对策略，启动相应的防控措施。例如，当发现组织面临较高的流动性风险时，系统预警后，财务部门可以立即采取措施优化资金配置，如加快应收账款回收、延迟非必要支出、合理安排短期融资等，以缓解资金压力；当面临市场价格波动风险时，业务部门可以根据预警信息调整采购策略或销售价格策略，如提前锁定原材料采购价格、加大市场推广力度促进销售等，降低市场风险对组织的影响。此外，风险预警防控体系还能够对风险防控措施的执行效果进行跟踪评估，及时调整防控策略，确保风险得到有效控制。

参考文献

[1] 王美江 . 管理者财务进阶指南 [M]. 北京：人民邮电出版社，2022：23-25.

[2] 袁国辉 . 从财务分析到经营分析 [M]. 北京：人民邮电出版社，2022：30-32.

[3] 段昕宏 . 管理者的财务思维 [M]. 北京：人民邮电出版社，2021：38-40.

[4] 胡华 . 中国地方预算绩效管理研究 [M]. 太原：山西经济出版社，2018：19-21.

[5] 张攀 . 消费决策中的预算偏差 [M]. 成都：四川大学出版社，2018：41-43.

[6] 高碧 . 实施业财融合推进精细化财务管理 [J]. 大众投资指南，2024(22)：58-59.

[7] 白冰 . 财政全面预算绩效管理下的绩效评价奖惩机制初探 [J]. 财讯，2024(12)：22-23.

[8] 王喆朴，李思凡，李晗筱 . 新时代下数字化平台促进业财融合以加强财会监督的路径研究 [J]. 产业创新研究，2024(10)：44-45.

[9] 朝鲁门 . 数字财政背景下预算管理一体化改革实践研究 [J]. 财经界，2024(28)：36-37.

[10] 陈小强 . 财政预算一体化系统现状分析与发展建议 [J]. 行政事业资产与财务，2024(7)：16-17.

[11] 刘辉 . 关于财政预算绩效管理工作的实践路径 [J]. 中国产经，2024(14)：51-52.

[12] 任晓冬，王越 . 预算评审与预算绩效管理体系建设相互作用研究：以预算评审项目为例 [J]. 预算管理，2024(10)：33-35.

[13] 张明，路先锋，吴雨桐 . 数据要素经济学：特征、确权、定价与交

易 [J]. 经济学家，2024(4)：48-49.
[14] 李淼 . 财会监督视角下事业单位全面预算管理的问题及对策研究 [J]. 财经界，2024(28)：16-18.
[15] 徐子怡 . 预算绩效管理中评价结果应用制度研究 [J]. 中国价格监管与反垄断，2024(9)：52-54.
[16] 孙萌 . 预算管理一体化对会计核算的影响探析 [J]. 中国商界，2024(7)：33-34.
[17] 林燕 . 信息时代事业单位财务会计工作创新策略 [J]. 中国集体经济，2024(24)：47-48.
[18] 任保平，刘洁 . 建立完善中国特色的数据市场定价机制 [J]. 当代经济研究，2024(7)：36-37.
[19] 张虹 . 会计核算规范化管理路径研究 [J]. 财会学习，2024(21)：28-30.
[20] 毕景琪 . 新时代背景下事业单位内部控制对财务管理提升的探索 [J]. 财会学习，2024(24)：49-51.
[21] 周室妤 . 预算管理一体化系统下基层行政事业单位财务管理研究 [J]. 中国农业会计，2024(17)：55-56.
[22] 武守勇 . 预算管理一体化背景下加强预算单位实有资金管理的对策建议 [J]. 预算管理，2024(9)：55-56.
[23] 王晓男 . 预算管理一体化背景下的事业单位全面预算管理 [J]. 现代审计与会计，2024(10)：33-35.
[24] 安玉坤，运阳 . 行政事业单位固定资产管理存在的问题及其对策 [J]. 中国农业会计，2024(14)：22-25.
[25] 张爱华 . 科学进行预算绩效管理优化资源分配 [J]. 中国商界，2024(9)：22-24.
[26] 莫仕懿 . 预算绩效偏差研究的学科基础、现实关注与发展方向 [J]. 财政监督，2024(18)：49-51.
[27] 王川 . 科研单位实施预算绩效管理的对策研究 [J]. 财会学习，2024(28)：25-27.
[28] 陶红 . 大数据背景下的财务会计变革及人才培养研究 [J]. 中国总会

计师，2022(3)：32-33.
[29] 于营营 . 全面预算绩效管理视角下的行政单位预算内控策略 [J]. 财讯，2024(17)：19-20.
[30] 张洁 . 传统财务向管理型财务转型的构建及其实践应用 [J]. 财讯，2023(7)：66-67.
[31] 王伟玲 . 中国数据要素市场体系总体框架和发展路径研究 [J]. 电子政务，2023(7)：31-32.
[32] 李欣 . 业财融合下的精细化财务管理模式分析 [J]. 中国集体经济，2023(34)：33-34.
[33] 丁冬梅 . 新收入准则执行过程中的问题与对策 [J]. 投资与合作，2022(11)：37-38.
[34] 王颖 . 现代预算管理"效"为先：部门预算绩效管理探索 [J]. 中国总会计师，2023(12)：26-27.
[35] 王银梅，王赓，李萌 . 预算管理一体化规范与绩效运行监控 [J]. 财政监督，2021(12)：41-42.
[36] 何红，谈先球 . 财务机器人对财务领域的影响 [J]. 今日财富，2022(6)：44-45.
[37] 徐国冲，王铭远，蒋文能 . 财政支出绩效评价的碎片化治理：基于多省的调查材料 [J]. 行政管理改革，2021(8)：29-31.
[38] 丁雷 . 浅析完善财政预算执行审计的具体对策 [J]. 纳税，2019 (8)：39-40.
[39] 王泽彩 . 预算绩效管理：新时代全面实施绩效管理的实现路径 [J]. 中国行政管理，2018(4)：36-37.
[40] 徐曙娜 . 公共支出过程中的委托代理关系 [J]. 财经问题研究，2005(1)：45-47.